PRINCÍPIO DA OPORTUNIDADE

– Manifestações em Sede Processual Penal
e sua Conformação Jurídico-Constitucional

CARLOS ADÉRITO TEIXEIRA

Magistrado do Ministério Público
Mestre em Ciências Jurídico-Criminais

PRINCÍPIO DA OPORTUNIDADE

– Manifestações em Sede Processual Penal
e sua Conformação Jurídico-Constitucional

Reimpressão da edição de Janeiro/2000

PRINCÍPIO DA OPORTUNIDADE
— MANIFESTAÇÕES EM SEDE PROCESSUAL PENAL
E SUA CONFORMAÇÃO JURÍDICO-CONSTITUCIONAL

AUTOR
CARLOS ADÉRITO TEIXEIRA

EDITOR
EDIÇÕES ALMEDINA, SA
Rua da Estrela, n.º 6
3000-161 Coimbra
Tel.: 239 851 904
Fax: 239 851 901
www.almedina.net
editora@almedina.net

PRÉ-IMPRESSÃO • IMPRESSÃO • ACABAMENTO
G.C. – GRÁFICA DE COIMBRA, LDA.
Palheira – Assafarge
3001-453 Coimbra
producao@graficadecoimbra.pt

Setembro, 2006

DEPÓSITO LEGAL
145417/99

Os dados e as opiniões inseridos na presente publicação
são da exclusiva responsabilidade do(s) seu(s) autor(es).

Toda a reprodução desta obra, por fotocópia ou outro qualquer processo,
sem prévia autorização escrita do Editor,
é ilícita e passível de procedimento judicial contra o infractor.

ABREVIATURAS / SIGLAS

AAFDL – Associação Académica da Faculdade de Direito de Lisboa
AC – Acórdão
al. – alínea
art. – artigo
BMJ – Boletim do Ministério da Justiça
Cap. – Capítulo
CC – Comissão Constitucional
CEJ – Centro de Estudos Judiciários
Cfr. – Confere
Cit. – citação (citado)
CJ – Colectânea de Jurisprudência
CP – Código Penal
CPP – Código de Processo Penal
CRP – Constituição da República Portuguesa
DL – Decreto-Lei
DR – Diário da República
ed. – edição
EUA – Estados Unidos da América
Fasc. – Fascículos
M.º P.º – Ministério Público
op. cit. – obra citada
p. – página
RC – Relação de Coimbra
reimp. – reimpressão
RL – Relação de Lisboa
sep. – Separata
ss. – seguintes
StPO – Código Penal Alemão
TC – Tribunal Constitucional
Trib. – Tribunal
UCs – Unidades de conta
v.g. – *Verbi gratia* (por exemplo)
Vol. – Volume

ÍNDICE

Abreviaturas / Siglas 6

Índice 7

Nota Introdutória *("Post Scriptum")* 9

1. QUADRO GERAL DE OPORTUNIDADE 27

2. DISCRICIONARIEDADE, LEGALIDADE E CONSENSO 33

   – **Aproximação Conceptual de Oportunidade** 33

3. MANIFESTAÇÕES CONCRETAS NO PROCESSO PENAL 41

   3.1. Suspensão provisória do processo 41
   3.2. Arquivamento em caso de dispensa da pena 43
   3.3. Processo sumaríssimo 44

4. CONFORMAÇÃO JURÍDICO-CONSTITUCIONAL 47

   – **Identificação de Questões de Constitucionalidade no Plano dos Princípios** 47

   4.1. Princípio da legalidade 48
   4.2. Princípio da acusação ou estrutura acusatória 60
   4.3. "Reserva do juiz" 67
   4.4. Princípio da igualdade e direito de audiência 72

5. BREVE PANORAMA DO DIREITO COMPARADO 75

   5.1. Modelo de oportunidade 76
   5.2. Modelo de coexistência da legalidade e da oportunidade 78
   5.3. Modelo de legalidade 80

6. CONCLUSÃO 83

Apoio Bibliográfico 85

Outro Apoio Documental 89

Disposições Legais 91

NOTA INTRODUTÓRIA

"Post scriptum" sobre o rasto e o risco da oportunidade

■ O que *significa o princípio da oportunidade?*
■ *Este princípio mostra-se constitucionalmente legitimado?*
■ *A quem cabe exercer os critérios de oportunidade: ao Governo? a um Orgão Parajudicial? às Polícias? ao Ministério Público? ao Juiz? ao Advogado?*

● Longe vai o tempo em que um processo podia arrastar-se pelos tribunais **104 anos**... [v.g. processo de inventário relativo à instituição de um "morgado" em legado pio e impugnação da linha sucessória, em Castro Daire, que decorreu de 1713 a 1816, registando-se, curiosamente, um movimento de "sobe-e-desce" entre a Comarca e a Casa da Suplicação(¹)]. Ainda que sejam **95 anos**... [v.g. processo cujo objecto respeitava à qualificação de uns terrenos como "aivados" *versus* "rossios", sitos em Castro Verde, e consequente determinação da titularidade dos mesmos, cuja decisão remonta a 1657(²)].

● Muita coisa mudou, entretanto.
Mudou, antes de mais, o ***mundo***: vive-se, hoje, na era da *globalização* da economia, do direito e da vida social; da *hiper-compe-*

(¹) Como se pode alcançar, com base num manuscrito particular (inédito), em CARVALHO, ABÍLIO P., *Castro Daire – Indústria, Técnica e Cultura*, Eden Gráfico SA, 1995, Viseu.

(²) CARVALHO, ABÍLIO P., "A república dos aivados" *in Diário do Alentejo*, 22/09/1982.

titividade das empresas; da *massificação* da relação jurídica (v.g. contratos de consumo), da litigiosidade (furto, utilizações de estupefacientes, desobediência, etc.) e da comunicação; de uma nova forma de insegurança, para além da que resulta da criminalidade, a *"insegurança do possível e do desejável"* (no contexto de endividamento familiar, potenciado pelo amplo acesso ao crédito que tornou possível a aquisição de tudo o que se tornara desejável, e consequente incerteza de adimplemento futuro).

Mudou a própria **noção do tempo**: a aceleração histórica e as expectativas da sociedade não se compadecem com o longo prazo, o médio prazo, nem sequer o curto prazo; o prazo processual também não serve; e, no calendário do novo milénio, o tempo que conta é o tempo real, o prazo *on line*.

Mudaram as **mentalidades**: a consciência jurídica alterou-se; a cultura judiciária passou a exprimir-se por outros parâmetros; a opinião pública adquiriu uma apetência inusitada pelas coisas da justiça; operou-se a dessacralização da justiça, a desconstrução do mito da pena (de prisão), o abandono paulatino dos rituais.

Mudou o conceito político de **regulação social**[3]: assiste-se aos fenómenos da "desregulamentação", da "autoregulação", da "desjudiciarização" – parecendo desligar-se da ideia de que a lei "se tornou no princípio organizacional e estrutural de base do Estado contemporâneo" [4] –, bem como a uma nova matriz do movimento de criminalização-descriminalização.

---

[3] Assim como evoluiu, à escala planetária, o conceito de "defesa" dos Estados, baseado na tese da ingerência humanitária, ou o próprio conceito de "política": a ideia de luta pelo poder em nome de um *projecto-obra* (sediado no silêncio dos gabinetes, na decisão pronta, na cadência "pragmática", no estilo--acção) deu lugar à ideia veiculada pelo binómio *expectativa-discurso* (radicado na consternação perante o problema, na promessa de resolução, no decidir que se vai decidir, na gestão das opiniões e das motivações sociais; na cadência "humana", no estilo-atitude, e ainda no móbil e no plano do seu exercício assentes nos *media*).

[4] AUER, ANDREAS, "O Princípio de Legalidade como Norma, como Ficção e como Ideologia" *in Justiça e Litigiosidade: História e Prospectiva* (HESPANHA, ANTÓNIO), Fundação C. Gulbenkian, 1993, Lisboa, p. 129.

Princípio da Oportunidade

Mudou o *acesso à justiça*, numa tendência de democratização: primeiro, através do acesso dos mais carenciados – ainda que não tenha superado a desigualdade material dos cidadãos *perante* a lei e *na* justiça; depois, dos interesses transindividuais; e, mais recentemente, da proliferação de vias extrajudiciais institucionalizadas; e evoluiu a procura efectiva (majorada) do sistema judicial, bem como a capacidade de litigar dos cidadãos.

Mudou a *visibilidade* das coisas: a "mediatização" da justiça trouxe transparência (aos lugares herméticos); efeito multiplicador da informação; protagonismos (in)contidos; selecção de notícias e pré-determinação de mensagem ("politicamente in/correcta"); discurso do caos; etc.

E, mudou, sobretudo, o ritmo e o plano da *mudança*.

Todavia, a reacção institucional não acompanhou as transformações sócio-culturais.

● E, inevitavelmente, tornou-se um lugar comum a alusão à *"crise da justiça"*.

Mas o que realmente preocupa a opinião pública, no seio da "crise da justiça", é a *morosidade*, identificando-as.

De facto, na esfera do cidadão, uma justiça tardia redunda facilmente numa injustiça, porque sempre "aqueles que tarde vencem ficam vencidos", como vaticinava o infante D. Pedro. Para os agentes económicos, pode acarretar prejuízos que desvirtuem a própria concorrência. E para o Estado, representa, entre o mais, sérios riscos para a paz social, a emergência de "poderes fácticos" e, invariavelmente, um agravamento de custos.

A opinião pública, na sua visão mediática da justiça, não tolera que a Polícia necessite de 3 anos para investigar um homicídio e identificar o seu autor; que o Ministério Público deixe prescrever processos; que um juiz demore 1 ano, após a audiência de julgamento, para proferir a sentença; que um advogado reclame e/ou recorra 14 vezes no âmbito do mesmo processo; que um funcionário demore 3 meses para cumprir um simples despacho; que um arguido tenha 16 faltas de comparência a julgamento, a que acorre uma procissão de gente; que um cidadão se esquive a todas as tentativas de notificação; e que o Estado não saiba onde se encontram os seus cidadãos e finja ignorar este estado de coisas...

Por conseguinte, a crise da justiça pode reconduzir-se, a um só tempo, a uma "crise de pendências" e a uma "crise de dependências", nos labirínticos corredores do *forum*. As respectivas causas ou o seu diagnóstico têm sido sobejamente enunciados: aumento inusitado de processos (duplicaram em 6 anos!); insuficiência de meios; falta de eficiência ou baixa produtividade na prestação laboral dos operadores judiciários; uso de expedientes dilatórios; resistências à mudança por (todos os) operadores do Direito; inovação escassa, etc., etc..

Mas a morosidade gera também, na consciência social, uma **presunção de impunidade**. Neste plano, a crise da justiça é não só a crise do próprio operador judiciário, mas também do cidadão e da sociedade em geral, que a movem e que por ela se movem. De resto, não será a própria sociedade – ou a democracia ou o sistema económico – que, na actual conjuntura, está em crise? É que fala-se de crise de (exercício de) valores, crise do Estado Social, crise económica, crise de emprego, crise da saúde, crise do ensino, crise (da sociedade) de consumo...

A crise da justiça reflecte isso tudo e acaba por se reconduzir, em sentido corrente, a uma "crise de mentalidades" e, em sentido mais restrito, a uma "crise de cultura judiciária".

A morosidade é, em todo o caso, uma dimensão instrumental e fenoménica da justiça. A essência da jurisdicionalidade reside no carácter *justo* da decisão do caso, ainda que, aparentemente, possa não ser este o aspecto mais importante que se reclama. Sob este prisma, decerto, a falta de independência, ou de imparcialidade, ou de competência, ou de bom senso dos magistrados – atributos que, entre nós, não têm sido postos em causa, convenhamos – cercearia inapelavelmente a realização prática da justiça.

Pelo que, numa certa visão da morosidade, perde-se a perspectiva e inverte-se a hierarquia dos valores: pede-se *celeridade*, cede-se o *direito*.

Acresce uma tendência para escamotear parte da realidade: a parte correspondente a um número substancial de processos que começam e acabam – sem incidentes nem acidentes de percurso –

em prazos satisfatórios, em muitos tribunais do país. Constituem a "normalidade silenciosa" que não é notícia. O carácter mediático da comunicação, apesar de ter reconhecidas vantagens, tende a tornar-se cirurgicamente selectiva e, sobretudo pela imagem, mistura a *informação* e a *emoção*; neste pormenor, paradoxalmente, reduz a clarividência e produz alienação, iniciando uma teia de cumplicidades entre o comunicador (ou o transmissor) e o destinatário (consumidor da informação), em que este chega a condicionar o próprio acto de comunicar e o seu conteúdo.

De todo o modo, o estado das coisas judiciais não deixa de justificar o ***direito à indignação*** (porventura, de todos: do cidadão, do advogado, do juiz...).

● É no contexto da morosidade que se procura um modelo de processo penal ajustado ao mundo de hoje e um quadro de respostas alternativas à ***via única*** de justiça, que responda às preocupações e expectativas da sociedade.

O ponto axial dessas preocupações parece consubstanciar-se na atitude de um jovem e ambicioso Procurador Federal (personagem de John le Carré) que se compromete a "pôr a coisa em tribunal em tempo recorde" [5].

Importa reformar, sem dúvida.

De facto, o figurino judiciário actual remonta, na sua estruturação, a meados do séc. XIX (1840). Logo, justifica-se um outro mapa judiciário, uma rede de tribunais diferenciada e específica para grandes centros urbanos, para cidades médias e para pequenas comarcas; uma afectação de meios em concordância; uma profunda revisão de procedimentos.

Importa melhorar a eficácia e, simultaneamente, não perder a coerência do sistema jus-processual; e importa construir um novo modelo de justiça sem descontinuar a salvaguarda de garantias, liberdades e direitos fundamentais das pessoas.

Importa, pois, tutelar equilíbrios para que a justiça, não sendo a *ordem*, em si, promova a *ordem* ou, pelo menos, a estabilização

---

[5] CARRÉ, JOHN LE, *O Gerente da Noite*, Círculo de Leitores, 1994, p. 149.

contrafáctica, perante o ilícito; e não sendo uma técnica de intervenção social ou uma engenharia sócio-comportamental, não redunde numa ruptura social. É que não é só a crise económica que está na base da evolução da criminalidade – como sugerem os modelos explicativos de Sebastian Roché, quer pela via dos efeitos directos (daquela) sobre o indivíduo (v.g. frustração no acesso a certos padrões de consumo) e dos efeitos indirectos através da erosão de elos de solidariedade[6] –, dependendo de um leque factorial alargado e complexo[7], para o qual contribui o próprio sistema de justiça e o sistema prisional que geram também a desconformidade à ordem e os seus próprios delinquentes.

Por sua vez, a tendência para a autocomposição de litígios, na sociedade portuguesa, quer em momento anterior à submissão daqueles ao tribunal – através de acordo entre as partes ou da mediação de autoridades fácticas –, quer em momento posterior, isto é, já dentro do sistema judiciário – "desistências negociadas" – revela um quadro sócio-cultural propício para a institucionalização do *consenso* e da *oportunidade*.

Também a "colonização" do sistema judiciário com infracções penais de massa e de litigação de baixa densidade lesiva (v.g. cobrança de dívidas) sugere a introdução de vias parajudiciais de resolução desses casos-cliente, designadamente, as da mediação penal ou a da cobrança privada de dívidas, à semelhança de mecanismos da *common law* ou de *huissiers de justice* do ordenamento jurídico francês.

Existem, porém, marcos jus-penais, na vigência do Estado de Direito Democrático, que se oferecem e pré-determinam o tratamento processual da criminalidade: o respeito pela dignidade da pessoa humana; o restabelecimento da paz jurídica na sociedade, posta em causa pelo crime, e reforço da validade da norma; a resso-

---

[6] *La Societé Incivile: Qu'est-ce que l'insecurité?*, PUF, 1996, Paris.

[7] LOURENÇO, NELSON / LISBOA, MANUEL / FRIAS, GRAÇA "Crise e Insegurança: Delinquência Urbana e Exclusão Social" *in Revista Sub Judice*, n.° 13 – Abril / Junho, sobre "Criminologia – o Estado das Coisas", 1999, fls. 51 e ss.

cialização dos delinquentes. Já não encontra, pois, legitimação, mesmo que possa parecer uma emanação da comunidade, o objectivo de "apanhar os culpados e fazer deles exemplo público" [8]. Pelo que o exercício da oportunidade não pode deixar de compatibilizar-se com este reduto mínimo.

Acresce ainda o *modo finito e imperfeito da justiça* que se vem a traduzir no facto de "uma sociedade que estivesse em condições de descobrir e sancionar toda a «deviance» destruiria, simultaneamente, o valor das suas normas, porquanto a função protectora da norma só actua eficazmente se circunscrita a uma redução quantitativa" [9].

Resta, então, questionar a eficiência do sistema, já que não se alcança o *output* esperado, gera-se morosidade, criam-se entropias e estrangulamentos e não se satisfazem expectativas.

● Ora, um programa governamental dirigido a melhorar os níveis de eficiência e de eficácia do sistema judiciário deverá contemplar e fazer convergir medidas de diversa índole, algumas conectadas com o princípio da oportunidade e outras que o precedem.

Assim, antes de mais, o Governo deverá adoptar uma atitude de *não mudar as leis*, contrariando o impulso co-natural a qualquer legislador, já que as "obras-legislativas" estão consolidadas e é importante dar estabilidade ao quadro legal para que cidadãos, empresas e operadores judiciários saibam com o que contam. Há, naturalmente, "pequenas" medidas a tomar que, por serem adequadas e oportunas, se podem revelar "grandes" na eficácia que induzem.

Em segundo lugar, torna-se necessário proceder a uma *análise sistémica* que compreenda quatro grupos de indicadores: *a) quadro externo* (ambiente e *inputs*) – exigências, expectativas, oportunidades, ameaças, recursos, limitações, resistências, colaborações, etc.;

---

[8] Numa declaração de Truman *in* CARRÉ, JOHN LE *O Gerente da Noite*, Círculo de Leitores, 1994, p. 149.

[9] DIAS, FIGUEIREDO, *Direito Processual Penal* – Lições coligidas por Maria João Antunes, 1988, Coimbra.

b) quadro interno – pré-regulação, objectivos, centros decisores, adequação e flexibilidade de recursos, definição de estatutos e papéis, actividades a desenvolver, logística, etc.; *c) quadro de outputs* – níveis estatísticos de resultados, serviços prestados, imagens de futuro, etc.; *d) quadro de feedback* (controle de *eficiência*) – qualidade de serviço, tempo de resposta, grau de satisfação dos objectivos, avaliação de expectativas alcançadas, análise de reclamações, custo-benefício revisão de métodos, co-regulação, etc. – e (controle de *eficácia*) – leitura de resultados, avaliação quantitativa, rácios, produtividade média, pós-regulação, etc..

Em terceiro lugar, deve enveredar por uma **gestão correcta e integrada** do(s) sistema(s), através de: *a)* definição rigorosa de metas e objectivos a prosseguir, designadamente, o da *optimização do serviço da justiça*, mesmo para além de uma lógica economicista pura; *b)* adopção de *metodologias de excelência* na abordagem dos problemas; *c) monitorização das soluções* implementadas e detecção de pontos críticos; *d) dotação racional de meios*, através de reforço em pontos-chave, de contingentação processual de referência, de estímulo (ou reconhecimento) de níveis de produtividade, de gestão de quadros e de carreiras (v.g. admitir, ao lado da progressão vertical na carreira, a progressão horizontal; privilegiar o critério do mérito face ao da antiguidade; evoluir de um sistema de inspecções, às pessoas, para a via de acesso por concurso e prestação de provas de avaliação); *e) especialização* de áreas, de serviços e de pessoas; *f)* aposta na *formação*, designadamente na específica e na reciclagem; *g)* criação de centros decisores (de gestão) à escala do problema (nacional, regional e local), em delegações desconcentradas e em tribunais; *i)* controle de qualidade dos serviços prestados.

Em quarto lugar, deve apostar-se no **controle selectivo da litigiosidade** que entra no sistema, segundo um critério de "dignidade mínima", para desencadear o procedimento tradicional e garantístico. Tal desígnio há-de passar, quer pela adopção de *mecanismos alternativos*, fora do sistema, quer pela *implementação dos já existentes* ou *criação de outros mecanismos*, no âmbito do processo.

Em quinto lugar, importa promover a *simplificação de procedimentos* (legais-processuais, administrativos, burocráticos, etc.), por exemplo, ao nível da elaboração de decisões, da lógica utilitária dos actos, da padronização de peças processuais, das comunicações, bem como do *cerceamento de expedientes dilatórios* que a lei consente.

Em sexto lugar, torna-se necessário operar a *informatização* completa do parque judiciário, de forma integrada, com arquitectura e aplicações abertas e com objectivos bem definidos (gestão do/s processo/s, sistemas documentais, acesso a bases de dados), com Hw e Sw compatíveis, plataformas e redes comunicantes, etc..

• Naturalmente, o princípio rector, numa qualquer definição de política criminal, há-de ser o de obter a maximização de uma *lógica de eficácia* e de uma *ordem de justiça*, bem como a concordância prática entre ambas. Foi esse propósito que animou o recente *"crime and desorder act"*, no Reino Unido, com soluções arrojadas – v.g. redução de prazos processuais, colocação de operadores judiciários (magistrados) em esquadras de polícia, reforço e ónus de cooperação das partes – e resultados satisfatórios, como sejam as reduções dos tempos médios de resolução dos processos (até o tempo médio da fase de julgamento baixou de aproximadamente 90 dias para 30).

Nesta linha de entendimento, o *princípio da oportunidade* pode revelar-se uma via útil, entre outras, a equacionar sob um desígnio de optimização da prestação do sistema.

Mas quando se fala de oportunidade em que é que se está a pensar? Numa (pretensa) mágica solução para vencer a sobrelotação processual? Na definição de uma nova titularidade para a condução da política criminal? Numa nova correlação de forças entre os operadores que intervêm na perseguição criminal? Num incontido desejo de responsabilizar politicamente o Procurador-Geral da República ou limitar-lhe os (quais?) poderes?

Na verdade, sobre o princípio da oportunidade vão-se formulando várias concepções: numa **noção *ampla* e *institucional***, aquele princípio reconduz-se a todos os modos de implementação de vias de resolução de litígios, na disponibilidade das mais diversas entidades (Governo, Provedores, Escolas, Igrejas, etc.); numa **acepção** *intermédia* e *horizontal*, traduz-se na devolução do litígio às partes para a sua composição (mediada ou não), num plano ainda informal; numa **noção** *restrita* e *vertical*, diz respeito às formas procedimentais e processuais, expeditas e simplificadas, de resolução da litigiosidade, por iniciativa do Ministério Público – *a*) enquanto *dominus* da acção penal (cuja discricionariedade pode abranger a averiguação e iniciação de inquéritos, a promoção investigatória e o destino dos processos) e, consequentemente, regulador do próprio *ius puniendi*, ou – *b*) em grau menor (e razoável), pelo encaminhamento para as vias processuais disponíveis em alternativa à dedução de acusação.

● Na decorrência de tal conceptualização, e numa perspectiva das entidades depositárias do exercício da oportunidade, pode esta estabelecer-se a vários **níveis.**

Desde logo, ao nível da ***intervenção político-legal*** do poder político.

Nesta sede, a adopção de uma lógica de oportunidade no estabelecimento de um certo programa criminal final, há-de orientar-se para soluções legislativas a incidir, numa primeira linha, sobre a *selectividade* do objecto processual (selecção de tipos penais) a tratar no âmbito do sistema tradicional de justiça. Tal finalidade obtém-se pela via da degradação de crimes em contra-ordenações e da degradação de crimes em ilícitos civis, além da utilização de medidas de clemência (perdão e amnistia).

Uma segunda linha de oportunidade direcciona-se para a adopção de (maior) *diversidade* de meios processuais e *simplificação* dos já existentes, basicamente em torno do (não) exercício da acção penal, da disponibilidade de procedimentos admonitórios e do uso de processos judiciais céleres. Neste particular, importa, antes de mais, conhecer os estrangulamentos e as razões do deficitário funcionamento dos institutos de oportunidade já disponíveis (excesso de formalismo? de requisitos? de peso burocrático da hierarquia? da teia interdisciplinar que se congrega?).

Uma terceira linha reconduz-se à contenção da *"colonização"* do sistema por certo tipo de infracções, promovendo uma mais apertada exigência de requisitos de procedibilidade, ou seja, pela compressão do patamar de litígios revelados às instâncias formais de controle, por exemplo, através da alteração da natureza pública (de certos crimes) para semi-pública e (desta) para particular; ou da necessidade de indicação de provas nos crimes semi--públicos e particulares, no momento da apresentação da queixa; ou da exigência de constituição de assistente, no caso de crimes particulares, na mesma altura, sob pena de não desencadear o processo, evitando actos inúteis da máquina de administração da justiça.

Uma quarta linha de oportunidade dirige-se especificamente a soluções de *celeridade*, prevendo-se a possibilidade legal de "aceleração do processo" (em moldes diversos da que hoje existe), a ser actuada por alguns "legitimados" (M.° P.°, arguido, assistente), observados certos pressupostos; ou a previsão de "carácter urgente" de casos-tipo; ou a revisão do "processo abreviado" existente.

Uma outra linha de tratamento da criminalidade, a dar os primeiros passos, diz respeito à disponibilização de *vias alternativas* ao sistema tradicional, através de instâncias de mediação, de conciliação e de negociação, de resto, já experimentadas em diversos países (EUA, Bélgica, etc.).

Não é, porém, neste plano, que se situa o epicentro da discussão sobre o princípio da oportunidade, embora constitua pressuposto de operacionalização processual.

● Um segundo nível em que pode pretender posicionar-se o exercício da oportunidade é o da ***intervenção político-administrativa*** do Governo.

A este nível, numa pretensão de conduzir efectivamente a política criminal e dar cumprimento aos programas finais pré-estabelecidos, desenha-se um figurino de oportunidade integrado pela adopção de medidas governamentais, de índole mais concreta (*guide-lines*, directivas, medidas administrativas, etc.), que visem impor prioridades de tratamento de certas matérias penais, ou implementar uma diversa estratégia de investigação criminal, ou privilegiar certo procedimento em detrimento de outro, independentemente de adoptar uma via directa de actuação (dirigida aos órgãos com competência para levar a cabo aquelas tarefas), ou uma via indirecta (criando v.g. um Conselho Nacional Judiciário, ou dirigindo se ao Conselho Superior do Ministério Público, com a actual ou com outra composição e legitimação).

Este seria um figurino assente em razões de *gestão da política criminal* e *administrativa* (*"raison d'État"*), mas dificilmente sufragável, neste momento, do ponto de vista constitucional, e, porventura, mais compaginável com um ideário securitário ou de "nova defesa do Estado" ou até de um regime autoritário.

● Um outro nível em que pode residir a oportunidade é o da **intervenção de um organismo específico ou intermédio.**

A concentração – ou instrumentalização – da iniciativa e da condução, em concreto, da política criminal num órgão criado especialmente para o efeito (Conselho Judiciário), que estabeleça a ponte entre o desígnio político e o tratamento efectivo da criminalidade parece, sob certo ponto de vista, conciliar princípios básicos que regem a matéria penal com a "fuga para a frente" (política) rumo à instauração de um lastro de oportunidade.

A tal órgão caberia, por exemplo, a definição concreta dos macro-objectivos, previamente enunciados, no combate ao crime; no estabelecimento de correntes interpretativas de nódulos legais e conceitos abertos (v.g. o que se deve entender por "suficiência de indícios" para deduzir acusação nas diversas tipologias de casos); na identificação de tipos criminais, em razão do circunstancialismo conjuntural ou institucional ou da lesão social, que devem ser encaminhados, sistematicamente, para formas processuais de consenso e oportunidade (suspensão provisória, arquivamento em razão de um contexto de dispensa da pena, processo sumarísssimo, etc.); no estabelecimento de *guide-lines* e circulares dirigidas aos estrangulamentos da pirâmide processual de litigiosidade (v.g. através da identificação de um valor de prejuízo abaixo do qual se deverá considerar penalmente não relevante, ou de recomendações sobre rotinas procedimentais a adoptar, ou de orientações sobre o tratamento a dar a denúncias anónimas, infundadas, pouco sérias, etc.); na definição de critérios de oportunidade a usar em situações que não se enquadrem no *serial killer* definido e seleccionado ou na "distribuição de imunidades" (v.g. a arrependidos ou a arguidos colaborantes com a investigação).

Este nível apresentaria como vantagem a uniformização da "oportunidade real" que hoje existe, promovendo a igualdade de tratamento dos cidadãos.

De resto, o modelo de *gestão das prioridades*, nesta versão, já existe hoje, de forma limitada ou embrionária, uma vez que o Ministro da Justiça dispõe já da prerrogativa de apresentar as prioridades da política criminal ao Conselho Superior do Ministério Público (Estatuto do Ministério Público).

A questão da sufragação constitucional de tal modelo dependerá do plano e dos limites da actuação que se pretenda atribuir. Em todo o caso, partilha das mesmas reservas que se levantam nos outros níveis – quando convergem na ausência do normativo tipificador da oportunidade – além de outras, específicas, como a que se prende com a independência dos tribunais no exercício da administração da justiça (sobretudo, quando um orgão com esse perfil seja alheio à tutela do sistema judiciário). Haverá ainda que levar em conta as naturais dificuldades de operacionalização desta via, no diálogo institucional, na distribuição de competências, no estabelecimento de *feedback* fiável, na definição do conteúdo funcional, na autonomia da decisão, no modo de reacção a esta, etc.

● O nível em que normalmente se posiciona e debate o exercício da oportunidade é o da **intervenção do titular da acção penal** (Ministério Público).

A oportunidade que, nesta sede, se estabelece caracteriza-se por (pretender) ser: legal, intra-sistema, casuística e real. Logo, no plano teórico, mais parece consagrar-se uma "legalidade aberta", ou a "oportunidade legalmente admissível".

Os problemas começam quando se questiona a uniformização de tratamento dos casos iguais, a margem de discricionariedade usada na avaliação das situações, o alargamento de fundamentos para a inibição do exercício da acção penal, a adopção de soluções de oportunidade não previstos na lei (numa outra leitura, chamar-se-ía "equidade"), o necessário controle a estabelecer e, sobretudo, a determinação dos critérios de oportunidade (tantas vezes de índole pessoal).

Em abono da opção por este nível de oportunidade, aponta-se a ideia de que só o exercício deste princípio, em espaço e por órgão autónomo face ao Poder Executivo, dispõe de condições de liberdade e garantias de não manipulação da acção penal, a que acresce o papel de titular da acção penal e o estatuto de magistratura que o Ministério Público detém.

Ora, no sistema português, este órgão, a quem cabe a direcção do inquérito, aparece investido em "órgão da administração da justiça" e não exactamente na veste de "parte" no processo (daí que possa v.g. recorrer no estrito interesse do arguido), nem, tão pouco, na de *longa manus* do Poder Executivo, quer no desígnio (deste) de eleger prioridades de perseguição criminal, quer na definição de estratégia investigatória, quer na defesa do interesse governamental na barra dos tribunais.

O lastro de fundamentação da administração da justiça está inevitavelmente associada à **legitimação das magistraturas** que, basicamente, se tem procurado enquadrar numa tríplice perspectiva: uma *legitimação democrática*, indirecta, assente no orgão que as tutela (numa óptica v.g. de gestão, disciplinar, administrativa) cuja designação dos membros há-de caber a quem está legitimado por escrutínio popular directo; uma *legitimação formal-institucional* ou de exercício do poder, baseada na administração da justiça "em nome do povo" (CRP); uma *legitimação funcional*, através da actuação com um registo de obediência estrita à lei.

Uma vez garantida a base de legitimação, mostra-se mais facilitada a sufragação constitucional do exercício da oportunidade pelas magistraturas, desde que verificados os parâmetros legais em que esta é desenhada, quer no modelo actual quer num modelo alargado que se anuncia.

É, precisamente, a *ampliação* do espaço de oportunidade que implica cautelas metodológicas, funcionais e de conteúdo,

Princípio da Oportunidade 23

designadamente: enquadramento constitucional; clareza de princípios e de objectivos; rigor na tipificação das situações subsumíveis; gradualismo progressivo; sustentação logística de soluções (já que não é pelo facto de estarem criadas em lei que passam a existir no mundo real); acompanhamento da situação; intervenção do juiz.

Neste pormenor, ainda que não seja este o tempo nem o modo de fazer "entrar" o juiz no inquérito – a menos que se evolua para um outro modelo processual penal, sempre passível de discussão –, por mais premente se revelar, na minha visão das coisas, a admissão do advogado naquela fase processual, com natural recuo do segredo de justiça, todavia, no plano da oportunidade e numa perspectiva de *duplo exame*, parece-me que a intervenção do juiz enriquece o consenso, garante, arbitra e homologa (¹⁰).

O poder de exercício da oportunidade do Ministério Público – assim como, em geral, o "poder de abstenção" – merecerá, na lógica do *duplo exame*, um controle diverso do existente, quer por intervenção do ofendido/assistente (com uma nova margem de legitimidade), quer por via hierárquica, quer por intervenção institucionalizada do juiz de instrução, quer ainda numa combinação destas vias, consoante os casos em presença. Tal desiderato teria um efeito de "catarse" face a suspeições, tantas vezes infundadas ou reveladoras de desconhecimento ou, porventura, de processos de intenção.

Também outros mecanismos, no âmbito da instrução ou já na fase de julgamento (v.g. em sede de "debate" ou de "audiência preliminar", dispensando a prova não realizada), podem ser admitidos, com propriedade, no quadro da oportunidade a cargo do juiz, ainda que em espaço de consenso e apesar de, nesta fase, já não se maximizar a almejada celeridade.

A consagração do princípio da oportunidade, mesmo que na sua forma mitigada, implica sempre fixar critérios objectivos míni-

---

(¹⁰) Não deixa de ser sintomática a evolução recente da política criminal francesa, nesta matéria, sob uma óptica de garantismo, independência dos magistrados e reforço dos recursos (humanos) disponíveis.

mos, atinentes a: legitimidade e competência em função da natureza da infracção; gravidade das consequências dos tipos penais seleccionáveis; baixa densidade lesiva; reduzido interesse público em perseguir criminalmente; limites máximos da pena previstos para a infracção; ausência de antecedentes criminais do arguido; risco de ingresso numa carreira delinquente e estigmatizante; satisfação do "princípio vitimológico" com a reparação da vítima; adequação das sanções aplicáveis, etc..

● O modelo de oportunidade tem como contexto ideal um sistema em que vigore um processo penal de partes, eivado pelo princípio do dispositivo e em que a "igualdade de armas" entre aquelas se alcança na sua maior plenitude.

No entanto, mesmo nos ordenamentos jurídicos ditos continentais – sem grande tradição de oportunidade e, por regra, plasmados por um garantismo intransigente e uma tendencial desconfiança face à Administração – já não se pode afirmar, actualmente, que, sob o signo da legalidade, a cada crime corresponda, invariavelmente, um processo penal. A realidade social e legislativa ultrapassa a pureza dos princípios, evocando outros valores e forjando soluções novas, uns e outras também legítimos.

De tal modo que o postulado da oportunidade emerge como uma *crítica da razão prática* (judicial) no império da legalidade. Decanta-se na "oportunidade real" que prolifera na vigência da legalidade oficial, na transmutação para níveis diferentes e em nome de conjunturas específicas da selectividade penal, no carácter utilitário de intervenção social que o direito penal não deixa de assumir num quadro de legalidade, transfigurando até este princípio de "marco" em "mito" do sistema. Importa, pois, "clarificar" e atender, no discurso político-criminal, à "razão pragmática" de que falava W. Hassemer[11], com conhecimento da realidade e com determinabilidade, já que nas coisas do Direito ocorre uma perene "variação entre limites" que aqueles princípios aqui representam.

---

[11] HASSEMER, W., *A Segurança Pública no Estado de Direito*, AAFDL, 1995, Lisboa, p. 87 e ss.

Não obstante os partidários do princípio da oportunidade disporem de válidas razões de política criminal para fazerem a apologia da mudança, a verdade é que, no caso português, a substituição do princípio da legalidade por aquele representaria uma revolução jurídico-cultural, por não encontrar eco na nossa tradição jus-processual nem, muito menos, legitimação constitucional. Para o nosso universo de valores, por exemplo, a pena deve resultar de uma verdade material dirimida (sobre a factualidade, a autoria, a culpa, etc.) e não de um "negócio" entre as partes sobre tais categorias. Tornar-se-ía necessário, por conseguinte, introduzir alterações em todo o sistema legal, a começar pelo texto fundamental.

O que parece ser a boa solução, no panorama actual, é coexistirem os dois princípios numa extensão correspectiva que acolha a sufragação da oportunidade pelo dispositivo constitucional ainda que na sua "dimensão normativa".

No plano pragmático, emerge, naturalmente, o risco de o exercício da oportunidade poder significar uma espécie de "uso alternativo ao direito". E, nesse caso, questiona-se o seu nexo de legitimação, o grau de arbítrio que é possível tolerar e as "zonas francas" de litigiosidade que se admitem sem regulação judiciária, embora merecedoras de tutela penal.

Em todo o caso, à margem da disponibilidade governamental da oportunidade, será menor o risco de inflectir o processo penal democrático que transforme (alguns) arguidos em objecto do processo (como "vindicta política" ou exemplificação para os outros) mesmo que em nome de uma compreensível defesa social.

Mais avisado será confiar-se aos tribunais que declarem o direito do caso, subtraindo-o à "razão do Estado". O próprio modelo processual penal vigente, de "estruturação acusatória integrada por um princípio de investigação", como enfaticamente tem salientado Figueiredo Dias, permite ao tribunal instruir, por si, o caso e obter os fundamentos da sua própria decisão, salvaguardando a indisponibilidade do objecto do processo.

Reconhece-se que o sistema de justiça não corresponde ao "poder nulo" de que falava Montesquieu, já que se tornou assunto recorrente nos *media* e confronta o próprio poder político (no sentido restrito do termo). Caberá aos titulares deste, tal como ao cidadão comum, usar, se for o caso, de todas as prerrogativas e garantias que a lei lhes oferece, sem que, *ipso facto*, se coloquem em *plano* supra-legal (que não admita a convocação daqueles, a sua notificação, a sua constituição como arguidos, a investigação dos seus actos, etc.).

De resto, não será o (algum) ***excesso de garantismo*** que explica (toda) a morosidade. O problema não é o uso das garantias que assistem ao cidadão, quando muito o "abuso". E, como bem salienta Luigi Ferrajoli, não se pode ignorar que "o direito penal, mesmo que rodeado de limites e garantias, conserva sempre uma brutalidade intrínseca que torna problemática e incerta a sua legitimidade moral e política" ([12]).

● Em suma, a institucionalização de (novas) vias de oportunidade não pode, no actual contexto legal, postergar o princípio da legalidade, enquanto denominador do sistema processual penal, assim como a sua definição deve dirigir-se especificamente a um ***âmbito*** ou ***objecto*** (infracções penais de massa e de bagatela), um ***espaço*** (processo penal) e um ***órgão*** (magistraturas).

No mais, no desígnio de uma "reforma" na área criminal, o princípio da oportunidade, na sua forma vinculada ou "sustentada", pode proporcionar ao cidadão um (melhor) encontro com a Justiça e não apenas uma passagem pelo Estado de Direito.

Lisboa, Setembro de 1999.

[O texto que se segue corresponde, com ajustamentos posteriores, ao relatório elaborado no âmbito do Seminário de Processo Penal Constitucional (sob a regência da Prof.ª Doutora Fernanda Palma) do Curso de Mestrado em Ciências Jurídico-Criminais, na FDUL, em 1996, e que, pela gentil sugestão de um amigo, se tornou possível a sua publicação, no intuito de constituir um contributo para a discussão do tema, na actualidade.]

([12]) FERRAJOLI, LUIGI, *in Derecho y Razón. Teoria del Garantismo Penal*, Ed. Trotta, 1995, Madrid, p. 21.

1. QUADRO GERAL DE OPORTUNIDADE

1.1. O direito processual penal constitui o elo funcional que conecta o direito penal substantivo à realização prática do poder punitivo estadual. Neste sentido, pode falar-se de um direito penal "total", partilhando o processo penal, no plano concreto, a função específica de *protecção* dos bens fundamentais de uma comunidade[1]. Esta tutela exprime-se, na sociedade actual, no *monopólio estadual da função jurisdicional.*

Assim, crime, processo e pena formam uma trilogia categorial em torno da qual continuamente se questiona "se", "porquê", "como" e "quando" se deve proibir-julgar-punir.

Por conseguinte, revela-se ilucidativo eleger como *finalidades do processo penal*[2], a realização da justiça e a descoberta da verdade material (punindo culpados e absolvendo inocentes); a protecção dos direitos fundamentais das pessoas, associada à defesa de bens jurídicos e a valores da segurança; o restabelecimento da paz jurídica comunitária posta em causa pela prática do crime; e a "concordância prática" das finalidades em conflito.

Mas esta linha de concretização da justiça penal enquadra-se no contexto de um certo *modelo de política criminal*, por superação de outros modelos contextualizados histórica e dogmaticamente.

---

[1] DIAS, FIGUEIREDO, *Direito Processual Penal*, Coimbra Editora Lda, 1984, p. 12 e ss.; e *Direito Processual Penal*, (fascículos), 1988-89, p. 4-11; SILVA, GERMANO. M., *Curso de Processo Penal*, I, Verbo, 2.ª ed., 1994, p. 13 e ss.; HASSEMER, W., *Fundamentos del Derecho Penal*, Bosch, 1984, Barcelona, p. 149 e ss.

[2] Assim, DIAS, F., na esteira de C. ROXIN, *Direito Processual Penal*, (fascículos), 1988-89, p. 23 e ss.

Assim, parece ter-se abandonado o lastro dogmático do chamado *modelo azul* (associado ao Estado liberal e escola clássica do direito), onde pontificava entre os fins das penas a ideia de retribuição e de prevenção geral de intimidação, e, processualmente, o princípio da legalidade sem restrições e judiciarização integral.

Por sua vez, o *modelo vermelho* (relacionado com o Estado providência/social), que surgira como reacção às questões irrespondíveis ou inadequação daquele, concebe o crime numa base de "doença social" que importa enfrentar com uma ideologia de tratamento, elegendo a prevenção especial como fim primeiro da punição e admitindo espaços de oportunidade processual, direccionados para o diálogo terapêutico [3].

Entretanto, segundo Figueiredo Dias, desenha-se no horizonte um *modelo emergente (verde)* que, (ligando-se ao que hoje vem sendo designado por Estado pós-social ou pós-moderno), parte da ideia de ineficácia do sistema jurídico-sancionatório e da deliquência que o mesmo produz, apoia-se em novos movimentos criminológicos, designadamente nas perspectivas crítica, radical, interaccionista ou *labeling approach* [4], e postula a ideia de intervenção mínima do Estado. A reacção penal ficaria, assim, reservada para situações de violação de "bens jurídicos claramente individualizáveis" e num grau de intolerabilidade que justificasse, socialmente, a necessidade de punição (art. 18.° n.° 2 da CRP).

Esta judiciosa intervenção alcançar-se-ía, no plano substantivo, essencialmente através do movimento de descriminalização

---

[3] Sobre os modelos, cfr. DIAS, F., "O Sistema Sancionatório Português no Contexto dos Modelos da Política Criminal" – Separata do Número Especial do *Boletim da Faculdade de Direito de Coimbra – Estudos de Homenagem ao Prof. Doutor Eduardo Correia*, 1988-c, Coimbra, p. 15 e ss.

[4] Para um aprofundamento destas perspectivas, cfr. DIAS, F., / ANDRADE, COSTA, *in Criminologia – o Homem Delinquente e a Sociedade Criminógena*, (reimpressão), Coimbra Editora Lda, 1992, Coimbra, p. 75 e ss. e 342 e ss.; ANDRADE, COSTA, "O Novo Código Penal e a Moderna Criminologia" *in Jornadas de Direito Criminal*, CEJ, 1983, Lisboa, p. 193 e 194; BELEZA, TERESA P., "A Moderna Criminologia e a Aplicação do Direito Penal" *in Revista Jurídica*, n.° 8, Out-Dez, AAFDL, 1986, Lisboa, p. 39-40.

tout court ou da degradação de crimes em contra-ordenações e de substituição das penas clássicas por *medidas*[5]; no plano processual, o rumo a adoptar seria o de um ideário de *diversão (desjudiciarização)*[6], sustentado por mecanismos alternativos à política criminal clássica e a uma *descentralização* (e "privatização") do sistema (figura do assistente, trabalho a favor da comunidade, etc.). Aqui abrir-se-ía espaço ao princípio da *oportunidade*, numa lógica de eficácia e de (ideal de) justiça, através da adopção de tipologias processuais que obstem à estigmatização.

Porém, no momento actual, e paradoxalmente às concepções que presidiam há uma década atrás, afigura-se-me emergirem duas tendências no quadro legal e institucional-dogmático jus-penal: por um lado, deixou-se cair o axioma da "descriminalização", ressurgindo, na cena nacional e internacional, o lema da "criminalização" (novos domínios; crimes contra a humanidade; terrorismo; tráficos; crimes contra menores; etc.); por outro lado, ganha ênfase a ideia de tratar a criminalidade, sobretudo a pequena, através de vias processuais simplificadas, procedimentos informais e processos céleres (v.g. Recomendação n.° 18 de 1987 do Comité de Ministros do Conselho da Europa).

De resto, as reformas portuguesas dos anos 80/90, no âmbito da codificação penal substantiva e adjectiva, parecem-me apontar claramente nesse sentido.

Acresce que, em legislação avulsa, o ordenamento jurídico português foi conhecendo momentos de oportunidade, antes do seu acolhimento no CPP, designadamente com o previsto no art. 38.° do DL n.° 430/83, de 13 de Dezembro (droga), no art. 45.° do DL n.° 187/83, de 13 de Maio (contrabando), no art. 51.° do DL n.° 433/82, de 27-10 (ilícito de mera ordenação social); e, posteriormente, outras manifestações de idêntica índole surgiram noutros diplomas legais v. g. no art. 56.° do DL n.° 15/93, de 22-1 (droga), no art. 51.° do

---

[5] À semelhança das medidas acessórias que hoje existem (v.g. no direito das contra-ordenações); talvez o direito penal clássico também necessite de caminhar nesse sentido, deixando a prisão reservada aos crimes mais graves.

[6] COSTA, FARIA, "Diversão (Desjudiciarização) e Mediação: que Rumos?" *in Boletim da Faculdade Direito da Universidade de Coimbra*, Vol. LXI, 1985, Coimbra.

DL n.º 74/90, de 7-3 (qualidade da água – contra-ordenações), no art. 9.º da Lei n.º 36/94, de 29-9 (corrupção e criminalidade económica e financeira), no art. 36.º da Lei n.º 15/95, de 25-5 (que alterou o DL n.º 85-C/77, de 26-2, – Lei da imprensa).

1.2. No que concerne à delimitação de contornos extra e intra--processuais da oportunidade, importará aduzir breves notas.

Por um lado, a oportunidade pode ser abordada de um prisma *subjectivo-orgânico*, assente na perspectiva dos diversos sujeitos processuais, designadamente do ofendido/assistente e do arguido, do Ministério Público e do Juiz. Ou, numa noção ainda mais abrangente, com a inclusão dos órgãos de polícia criminal ou mesmo da Administração em geral (já que nesta se sedia naturalmente a oportunidade de actuação).

De facto, em todos esses níveis de actuação parece existir estrangulamentos na *litigiosidade criminal*: na passagem da criminalidade "latente", à "assumida", à "revelada", à "denunciada", à "acusada", à "julgada", até à "condenada", flui uma *morte sucessiva da criminalidade* (fala-se, então, em "cifras negras", "efeito de funil", "ponta de *iceberg*"). Esta situação ganha uma expressão peculiar no contexto português por se tratar de uma *sociedade autocompositiva* (excessivamente), a montante e a jusante do exercício da acção penal (7).

Logo, sobre este ponto de vista, poder-se-ía dizer que a oportunidade plasma todo o sistema processual. Mas do que aqui se procura tratar é, essencialmente, da que respeita ao Ministério Público, por razões de delimitação temática.

Outra linha de análise (e delimitação) prende-se com o plano *material-substantivo*, podendo afirmar-se que com a revisão do CP (DL n.º 45/95) se terá reforçado o princípio da oportunidade nesta sede, sobretudo, numa tríplice direcção: linha progressiva de "deso-

---

(7) Cfr. SANTOS, BOAVENTURA SOUSA *et alii, in Os Tribunais nas Sociedades Contemporâneas – o Caso Português*, Ed. Afrontamento, 1996, Porto. Sobre o mesmo ponto, não deixa de ser sintomático o elevado número de acordos e desistências que se fazem à entrada de julgamento, testemunhado pelo adágio "mais vale um mau acordo que uma boa decisão".

Princípio da Oportunidade 31

ficialidade" através da conversão de crimes públicos em semi-públicos (ou particulares); abertura de um inusitado espaço de oportunidade ao Ministério Público, em certas situações, em que este órgão suprime a inércia de quem originariamente teria legitimidade para conferir o impulso inicial (v.g. arts. 113.° n.° 5 e 178.° n.° 2); re-orientação dos fins das penas (prevenção geral de integração [8] e prevenção especial, aparecendo a culpa investida numa função de limite) e preferência pelas penas não detentivas (arts. 40.°, 44.°, e 70.°, entre outros). Também estes aspectos não serão objecto de análise, embora se relacionem com as formulações a aduzir.

Finalmente, para além dos institutos que se abordam no texto (ponto 3), caberia ainda aludir ao expediente do art. 16.° n.° 3 do CPP, embora me pareça de menor relevância no contexto da *oportunidade acusatória*, já que sobreleva enquanto *método de determinação concreta da competência* – alusão e confronto com o "juiz natural" –, estabelecendo uma moldura concreta de pena, no ponto máximo, mas não determinando o ponto fixo na escala de oscilação judicial dessa moldura. Não se nega a marca subjectiva no caso em apreço, embora isso também suceda no método de determinação abstracta da competência pela via da conformação fáctica e qualificação jurídica que o Ministério Público faça (por exemplo, acusar pelo art. 204.° n.° 1 ou pelo n.° 2 do CP).

Acresce uma reiterada concepção do TC no sentido da compatibilidade constitucional, expressa em inúmeros Acórdãos (quer na perspectiva da sindicabilidade do requerimento do Ministério Público quer da sua insindicabilidade), cuja matriz de argumentação se colige já no Ac. n.° 393/89, in "DR", II, de 14-9-1989, não obstante o teor divergente de vários votos de vencido [9], e sem

---

[8] A ideia nem sequer é nova: além do lastro sociológico que parece transparecer de E. Durkeim, G. Gurvitch e Luhmann, já Carrara o afirmava, em 1907, no seu "Programa..." – cfr. DIAS, F. "Carrara e o Paradigma Penal Actual" *in Revista de Direito e Economia*, Ano XIV, 1988-b, Coimbra, p. 1-13.

[9] Assim, por exemplo, de L. NUNES DE ALMEIDA no Ac. referenciado; de VITAL MOREIRA no Ac. 586/88 *in* "DR", II, 28-8-1991; de ASSUNÇÃO ESTEVES Ac. 212/91 *in* "DR", II, 13-09-1991; ou de FERNANDA PALMA no Ac. n.° 265/95 de 30-5-95, *in* "DR", II, de 19-7-95.

substimar a sua problemática repercussão constitucional – em aberto – no plano da legalidade, contraditoriedade, igualdade e garantias do arguido, etc. (arts. 208.° n.° 1, 32.° n.° 5, 13.°, 32.° n.° 1 e 20.° da CRP).

De resto, razões de economia do trabalho e uma vez que a questão já se encontra extensivamente tratada, levam-me a não incluir este aspecto no objecto de apreciação directa, no texto, da temática da oportunidade.

2. DISCRICIONARIEDADE, LEGALIDADE E CONSENSO
– Aproximação Conceptual de Oportunidade

2.1. A ideia de oportunidade surge, a uma primeira análise, associada à ideia de exercício discricionário de actuação, por razões de conveniência de determinada natureza (política, social, económica, institucional, estatística, etc.).

Todavia, no contexto da administração da justiça, quando dirigida ao caso concreto, *discricionariedade* não significa *arbítrio*; trata-se de uma discricionariedade de acordo com a finalidade de realização da justiça[10]. Trata-se de um poder de opção de vias, soluções e medidas admitidas na lei; ou seja, tem sempre uma conformação normativa, um reduto legalmente inultrapassável; logo, tende sempre para uma "discricionariedade vinculada".

Como dá conta Castanheira Neves, "a essência da decisão discricionária reside na liberdade quanto à vinculação jurídica e, como tal, seria justamente o contrário, lógico e metodológico, da decisão jurídica, da aplicação do direito"[11].

A discricionariedade é, por assim dizer, a margem razoável que o legislador concede ao juiz para que este actue, conformando as suas sentenças, e em geral as suas resoluções, ao conjunto do sistema jurídico[12].

---

[10] LARENZ, K. *in Metodologia da Ciência do Direito*, Fundação C. Gulbenkian, 1986, Lisboa.

[11] NEVES, CASTANHEIRA, *in DIGESTA – Escritos Acerca do Direito, do Pensamento Jurídico, da sua Metodologia e Outros,* vol. 1.º, Coimbra Ed., 1995, p. 532.

[12] RUIZ VADILHO, ENRIQUE, "Princípios gerais. Legalidad, Proporcionalidad, etc" *in Cuadernos de derecho judicial – La restriccion de los Derechos Fundamentales de la Persona en el Processo Penal*, XXIX, Consejo General del Poder Judicial, 1993, p. 37.

Assim, na teorização crítica da aplicação judicial do Direito, uma das primeiras indagações a realizar é a detecção dos momentos propícios a *espaços de poder* [13], isto é, espaços de discricionariedade nas valorações que neles concorrem.

Por conseguinte, uma margem de discricionariedade, parece estar indissoluvelmente ligada ao acto de "julgar", de "decidir". Mas importa saber se tal margem de liberdade está ou não legalmente limitada; está ou não vinculada a regras; está ou não sujeita a um modelo legal-racional de decisão; está ou não legitimada.

De resto, em sede processual pode apreender-se uma *discricionariedade técnico-processual*, naturalmente vinculada por parâmetros normativos, e uma *discricionariedade de juízo*, sediada na intelecção subjectiva do facto através da instrumentalidade probatória.

O coeficiente de discricionariedade, (presumivelmente) inelimínável da prática judiciária, apesar de todas as cautelas, confere à função judicial ou da administração da justiça – quando não observado o "programa final" processual penal pré-estabelecido – uma insuprível parcela de ilegitimidade não compensada através de outros modos de legitimação, já que "nem o mais perfeito sistema de garantismo poderia encerrar a garantia de si próprio..." ([14]).

2.2. Mais próximo do cerne contextual da questão – sede processual penal –, importa referir que não se encontra na doutrina (e muito menos em sede legal) uma definição do que seja *princípio da oportunidade*; o seu tratamento é feito por referência ao

---

([13]) FERRAJOLI, L., *Derecho y Razón. Teoria del Garantismo Penal*, Editorial Trotta (tradução), 1995, Madrid, p. 40; a obra em italiano *Diritto e Ragione. Teoria del Garantismo Penal* é de 1989. Este autor, em sede do poder judicial, faz uma ilustração das operações funcionais e o seu quadro correspondente de "espaços de poder": o poder de *denotação* entendido como poder de interpretação ou de verificação jurídica (a qualificação jurídica é livre, diz-se); o poder de averiguação *probatória* ou de verificação factual; o poder de *conotação* ou de compreensão equitativa; e o poder de *disposição* ou de valoração ético-política.

([14]) BOBBIO, NORBERTO in "Prólogo" a *Derecho y Razón* de L. FERRAJOLI (cit. nota 14).

Princípio da Oportunidade 35

princípio da legalidade([15]), ou seja, releva na esfera do princípio da legalidade.

Este princípio, na sua substância normativa-processual, traduz--se na "obrigatoriedade" – ou, em certo sentido, "oficialidade" ([16]) – da acção penal, confiado a um órgão do poder público, e que radica, em boa medida, a sua razão de ser na inadequação de um sistema acusatório puro assente numa estrutura de processo de partes.

Associa-se ainda ao princípio da legalidade o tendencial monopólio do Estado na promoção da acção penal, no impulso inicial, na investigação e na dedução de acusação.

Então, o reconhecimento de espaços de oportunidade parece conduzir à inflexão dos parâmetros processuais da legalidade e do monopólio.

Embora objecto de discussão a sua admissibilidade, o princípio da oportunidade tem vindo a ganhar cada vez mais aceitação nas legislações da Europa Ocidental, quer seja entendido como *excepção* ou *limite* ao princípio da legalidade (grande número de ordenamentos jurídicos e de autores), quer como uma *manifestação interna* ou parte integrante e complementar deste último princípio([17]).

2.3. O universo processual penal português inscreve-se num sistema de coordenadas definido por um eixo horizontal e outro vertical: o *eixo vertical* estabelece a fronteira entre "espaços de consenso" e "espaços de conflito" no Processo Penal; o *eixo horizontal* procede à distinção entre "criminalidade grave" e "pequena criminalidade". Estas diferentes categorias da realidade alicerçam-se na

---

([15]) Disso mesmo dá conta Deu, Teresa Armenta in *Criminalidad de Bagatela y Principio de Oportunidade: Alemanha Y Espanha,* PPU, 1991, Barcelona, p. 64 e ss.

([16]) Beleza, Teresa P. *et alii, Apontamentos de Direito Processual Penal,* Vol. I, II, III, AAFDL, 1992, Lisboa, p. 97-112.

([17]) Assim, Riess cit. por Deu, Teresa Armenta in *Criminalidad de Bagatela y Principio de Oportunidade: Alemanha Y Espanha,* PPU, Barcelona, 1991, p. 66; Conde-Pumpido, Ferreiro "El Principio de Legalidad y el Uso de la Oportunidad Reglada en el Proceso Penal" *in Revista del Poder Judicial,* n.° esp. VI, 1987, p. 20 e ss.

diferente manifestação da sua "danosidade social", do "alarme colectivo provocado" e da sua explicação criminológica (Cfr. Preâmbulo do CPP).

Relativamente à pequena criminalidade [18] referenciada no segundo eixo, tem-se vindo a alertar para a sua importância (substimada) e apelando-se à subtracção do conflito ao processo penal cuja eficácia é vista com cepticismo.

Assim, o "roubo do conflito" nesta área pode realizar-se, basicamente, em dois sentidos: *para fora do sistema penal*, através v.g. do alargamento da tutela cível a certos domínios ou pela degradação de crimes em contra-ordenações, e até pela submissão (quando na disponibilidade das partes) a arbitragem voluntária de "litígios" que relevam penalmente ou contra-ordenacionalmente; e *dentro do processo penal* através de mecanismos que evitem o processo formal e o julgamento.

Efectivamente, o tratamento da pequena criminalidade reclama, antes de mais, a *maximização de eficiência* centrada no "facto": é que este tipo de criminalidade tem sido, muitas vezes, subvalorizada, mas é fonte de insegurança já que se trata de uma criminalidade de massa [19] (v.g. furtos, consumo de droga) que está mais próxima do quotidiano das pessoas, de mais fácil percepção ou visualização social e cujo controle é hipostasiado em "nível de segurança e justiça" da comunidade, ou seja, a sua verificação corrente conduz a um sentimento de ausência de segurança, ausência de Direito, ausência de tutela eficaz devida pelos órgãos

---

[18] HÜNERFELD, PETER, "A Pequena Criminalidade e o Processo Penal", *in Revista de Direito e Economia*, 1978, p. 25 e ss.; CHIAVARIO, MARIO, "A Obrigatoriedade da Acção Penal na Constituição Italiana: o Princípio e a Realidade" *in Revista Portuguesa de Ciência Criminal*, Ano 5, Fasc. 3-4, Julho-Dezembro de 1996, p. 345; ali se alude, com sentido idêntico, à decisão 88/91 do Trib. Constitucional italiano; ROXIN, C. *in* "Prólogo" à obra *Criminalidad de Bagatela y Principio de Oportunidade: Alemanha Y Espanha*, de TERESA ARMENTA DEU, PPU, Barcelona, 1991, p. 15.

[19] MOLINA, GARCIA-PABLOS, "Problemas y Tendências de la Moderna Criminologia" *in Cuadernos de Derecho Judicial – Criminologia*, XXIX, Consejo General del Poder Judicial, 1994, p. 327.

Princípio da Oportunidade

formais de controle (e daí até à *vindicta* privada pode ser um curto espaço).

Outro ponto programático é a *optimização da reacção político-criminal* centrada na perspectiva do "agente". Esta formulação conduz à consideração do "início de carreira delinquente" (indivíduo ainda socialmente não perigoso), a quem deve assegurar-se as mais amplas oportunidades (sem que tal signifique um "amolecimento" dos valores jus-penais); e, inversamente, "contrariar a tendência para a delinquência" de quem reincide.

Um outro postulado justificador é o da *lógica de eficácia,* centrada nos "órgãos formais de controle" através do qual se procura o alívio da justiça, tendo em vista a racionalidade de meios e melhores índices de celeridade e a optimização de perseguição da criminalidade grave, via fundamental na realização do Estado (Social) de Direito. Esta é uma aspiração antiga, sempre presente ao longo da História, no sentido de flexibilizar, racionalizar e conferir eficiência na perseguição penal [20].

Nesta linha de abordagem, o CPP português opera o cruzamento dos eixos referenciados através da admissão de soluções de *consenso* no tratamento da *pequena criminalidade,* numa tentativa de operar efectivamente e "melhorar sensivelmente as estruturas de *comunicação* entre os sujeitos e as diferentes formas processuais" [21].

Desse consenso, basicamente dirigido à pequena criminalidade, são exemplos: *a)* o acordo de vários sujeitos processuais (Ministério Público, arguido, assistente e Juiz) na suspensão provisória do processo (art. 281.° CPP); *b)* o acordo do Ministério Público e do Juiz no arquivamento do processo em caso de dispensa da pena (art. 280.° CPP); o acordo de vários sujeitos processuais (Ministério Público, arguido e Juiz) no processo sumaríssimo (art. 392.° e ss.); *d)* a possibilidade de o arguido e o Ministério Público se pronunciarem sobre a admissão de constituição do ofendido como assistente (art. 68.°

---

[20] Sobre estes aspectos, cfr. HÜNERFELD, PETER, 1978, "A Pequena Criminalidade e o Processo Penal", *in Revista de Direito e Economia,* p. 25 e ss.

[21] DIAS, F., "Para uma Reforma Global do Processo Penal Português" *in Para uma Nova Justiça Penal,* Coimbra, 1983, p. 220.

n.º 3 CPP); *e*) a possibilidade de o arguido aceitar ou não a desistência da queixa ou da acusação particular (53.º n.º 3 do CPP); *f*) a admissibilidade de o Ministério Público poder agir no exclusivo interesse do arguido (recurso, por exemplo, de decisão final desfavorável ao arguido, ou da pena, ou da medida de prisão preventiva determinada pelo juiz, ou quando sobrevem algum fundamento que prejudica a manutenção daquela (art. 401.º do CPP).

Ora, nesta perspectiva, e num lastro doutrinário que lhe dá suporte, dir-se-á que o princípio da oportunidade surge, via de regra, ligado ao *consenso* [22], geralmente abrangente, e potenciador do apaziguamento da "provocação social" criada pela conduta desviante.

Nesta sede, ganha relevo o "consentimento" do arguido, entendido como decisiva expressão da autonomia pessoal. A ordem jurídica acolhe no seu programa de tutela penal o *sistema social* e o *sistema pessoal*, enquanto referentes da danosidade social e do interesse individual. Assim, se, por um lado, "o bem jurídico da comunidade é sempre bem jurídico da colectividade por mais individual que ele possa parecer" [23], por outro lado, "determinados bens jurídicos só são penalmente tutelados quando o lesado quer" [24].

Logo, da autonomia pessoal depende a tutela de certos bens jurídicos e o alargamento do processualmente punível, ao mesmo tempo que se elege em critério, fundamento e limite de eficácia justificativa.

Consequentemente, que a relevância da autonomia pessoal há-de conduzir a uma eficácia do consentimento e, por conseguinte, ao modo privilegiado de legitimação dos efeitos jus-processuais dos institutos que o enfatizam.

De resto, o espaço comunicacional que se procura inexiste no processo penal tradicional, onde sempre se constata, ao nível dos

---

[22] ANDRADE, COSTA, "Consenso e Oportunidade" *in O Novo Código de Processo Penal*, CEJ, Coimbra Editora, 1988.

[23] BINDING cit. por ANDRADE, COSTA, *in Consentimento e Acordo em Direito Penal*, Coimbra Editora Lda, 1991, Coimbra, p. 39.

[24] STRATENWERTH cit. por ANDRADE, COSTA, *in Consentimento ... op. cit.*, 1991, p. 171.

vários sujeitos processuais, um desequilíbrio de oportunidades comunicativas.

Parafraseando Hruschka, "o processo penal só é posto em movimento em caso de dissenso fáctico no plano social; e dos conceitos de pena e sanção resulta de forma cogente que não poderá contar-se com o consenso do agente" [25].

Ora, na criminalidade grave, procuram-se já soluções que passem pelo "reconhecimento (desenvolvimento) e clarificação do conflito" (Preâmbulo do CPP). E é relativamente a este tipo de criminalidade que ganha maior acuidade e ênfase o reforço exaustivo das garantias de defesa; o reforço do formalismo, solenidade e ritualismo; o reconhecimento inequívoco do duplo grau de jurisdição em matéria de facto (por exemplo, a propósito de julgamentos feitos por tribunal colectivo).

O desdobramento processual numa dupla estratégia confere-lhe, por isso, o epíteto de sistema "dualista" [26], cuja perda de uniformidade de tratamento depende da fronteira que se estabeleça entre pequena criminalidade e criminalidade grave.

---

[25] Cit. por ANDRADE, COSTA, "Consenso e Oportunidade", *op. cit.*, p. 328 (nota 17).

[26] DELMAS-MARTY, M. *et alii in Procédures Pénales d'Europe*, PUF (Presse Univ. France), 1995, Paris, p. 576.

3. MANIFESTAÇÕES CONCRETAS DA OPORTUNIDADE NO PROCESSO PENAL

3.1. Suspensão provisória do processo

Uma das manifestações concretas veiculadas, de forma inovatória na ordem jurídica portuguesa, pelo CPP é a da suspensão provisória do processo (art. 281.°), porventura, a mais significativa no plano da oportunidade.

Consiste essencialmente num acordo estabelecido entre o Ministério Público – que assume a iniciativa e a condução – o arguido, o assistente e o juiz de instrução. Exige-se, para o efeito, uma parametrização fáctico-jurídico específica, traduzida num quadro de ilicitude, culpa e exigências de prevenção de baixa intensidade (cfr. n.° 1 e suas alíneas do art. 281.°). Parece, assim, conectar-se, na *ratio* do instituto, a pequena criminalidade ao espaço de consenso.

A figura processual em apreço representa um meio termo entre a acusação e o arquivamento, em desconformidade com o procedimento clássico, fomentando um sistema processual "dualista", baseado em razões que se prendem com o interesse do Estado (alívio do sistema de justiça ou ausência de interesse na perseguição penal [27]), com o interesse do infractor (evitar a "rotulagem"), com o crime em questão (pequena gravidade; tipo de delito), etc..

Naturalmente, como todas as inovações, criou dificuldades de índole processual formal (v.g. admissibilidade de recurso ou

---

[27] Pense-se em certo tipo de criminalidade (v.g. furto em hipermercado) em que, não obstante a reparação do prejuízo, o ofendido (não-assistente), não desiste da queixa (persecutoriamente) e inexistindo interesse público ou razões de prevenção para prosseguir a acção penal.

não([28])), de ordem pragmática (o grande número de instâncias em que é preciso obter o acordo, a multiplicidade de formalismos burocráticos e diligências, o tempo de efectivação, etc.) – o que torna complexo o instituto, de tal modo que pode ser mais simples a dedução de acusação e, nesse sentido, a "oportunidade" ou "conveniência" subjectiva e institucional parece que funciona ao contrário, no sentido da acusação([29]) – e ainda questões de constitucionalidade.

De algumas questões desta natureza tratou o Tribunal Constitucional (Ac. 7/87 de 7-1-87) em sede de apreciação preventiva da constitucionalidade de algumas normas do diploma que aprovou o CPP.

Na linha de raciocínio expresso naquele acórdão, pode equacionar-se a questão da compatibilização constitucional do instituto pelo modo seguinte: *a*) admissibilidade da suspensão provisória do processo; *b*) competência para decidir da suspensão; *c*) competência para impor injunções e regras de conduta.

Quanto à primeira questão, que encerra, do meu ponto de vista, a opção político-criminal de actuação processual no quadro do princípio da oportunidade (independentemente dos sujeitos processuais que nela assumem protagonismo), não foi considerado pelo TC um verdadeiro problema de inconstitucionalidade.

No mais, foram perspectivadas algumas implicações, ainda à luz da oportunidade e por referência à competência do Ministério Público, com vários princípios de ordem constitucional-processual,

---

([28]) MAIA GONÇALVES *in CPP Anotado*, 1995, admite a possibilidade de recurso em certas circunstâncias. No sentido da irrecorribilidade do despacho de não concordância do juiz– cfr. Ac. RL de 26/6/90, CJ, XV, Tomo 3, p. 170 e ss.

([29]) Daí o fraco peso percentual da utilização do instituto no quadro estatístico global do Ministério Público (0,17%; 0,24%; 0,29%; 0,24%; 0,26%; 0,36; 0,22%; 0,31% do total de processos findos, nos anos de 1988-1995, respectivamente). Todavia, em 1990, C. ROXIN alude a uma extraordinária extensão de processos findos, na Alemanha, por via de arquivamento mediante cumprimento de "ordens" (pagamento de quantitativo monetário), bem como do consenso entre Ministério Público e Juiz (*in* "Prólogo" de *Criminalidad... op. cit.* de DEU, TERESA A.)

Princípio da Oportunidade 43

designadamente, o problema da *jurisdicionalização integral da instrução* e consequente decisão de suspensão; o da *função jurisdicional de aplicação de sanções*; o do *posicionamento do Ministério Público* na estruturação processual do sistema, sob uma matriz de *legalidade e acusatoriedade*; o da *desigualdade* de tratamento [30].

3.2. Arquivamento em caso de dispensa da pena

Um outro momento em que sobreleva também o princípio da oportunidade diz repeito ao arquivamento do processo por crime relativamente ao qual a lei admita expressamente a dispensa da pena (cujos pressupostos se consignam no actual art. 74.° CP) desde que se verifique, na fase do inquérito, a concordância do juiz de instrução, e, na fase da instrução, a concordância do Ministério Público e do arguido.

Com escopos político-criminais semelhantes aos da figura da suspensão, distancia-se desta, no plano do seu *objecto*, por se dirigir a uma criminalidade no limiar da pequena criminalidade (passível de pena de prisão até 6 meses ou multa até 120 dias); no plano da sua *estrutura*, pelo menor número de intervenientes processuais necessários para a formalização do consenso e por se revelar uma forma de *desjudiciarização (diversão) não condicionada*, decerto por estar subjacente a ideia de ausência do "interesse público" na perseguição penal; no plano dos seus *pressupostos*, por implicar a verificação – em juízo de prognose – do quadro de aplicação de dispensa da pena [31].

---

[30] Com a alteração do CPP, em finais de 1995, a figura conheceu uma redução do âmbito de aplicação, já que com a agravação do limite máximo das penas em certos crimes, introduzida pela revisão do CP (v.g. de 3 para 5 anos de prisão), deixando de ser possível a suspensão, por se não ter operado (decerto, pelas implicações que revestia) a correspondência antes existente (como sucedeu com o art. 16.° n.° 3 CPP). No entanto, a reforma do CPP, de 1998, corrigiu tais aspectos.

[31] Com a alteração do CPP pelo DL n.° 317/95, de 28/11, suprimiu-se a referência aos casos de *isenção da pena*.

Um aspecto que, nesta sede, emerge com alguma pertinência é a desconsideração do princípio vitimológico em geral, uma vez que não se faz depender a eficácia do consenso da anuência do ofendido, e, em especial, no âmbito dos crimes particulares (não ressalvados pelo preceito), atento o específico regime de promoção processual de tais crimes [32].

Apesar de a questão da sua constitucionalidade não ter sido suscitada em sede de apreciação preventida, o lastro de oportunidade em que se inscreve e o seu contexto de indícios próprios de acusação e (alguma) "parametrização" de decisão, até pela descontinuidade no desenvolvimento de certos princípios, sugerem a sua equação em matéria de compatibilização constitucional, em paralelo com a abordagem da suspensão.

3.3. Processo sumaríssimo

Como se referiu no Preâmbulo do CPP, o processo sumaríssimo (art. 392.° e ss. do CPP) corresponde a uma "forma especial de processo, destinado ao controlo da pequena criminalidade em termos de eficácia e celeridade, sem os custos duma estigmatização e de um aprofundamento da conflitualidade no contexto de uma audiência formal".

---

[32] Embora a questão me pareça de ordem mais geral, ao nível do próprio código, a par do reconhecimento de alguns direitos ao ofendido-assistente – de colaboração na investigação (art. 69.°) e não prestação de juramento (art. 145.° n.° 4 CPP) – os crimes particulares conhecem manifestações de menor consideração processual: no acto de denúncia, o ofendido tem obrigatoriamente de declarar que pretende constituir-se assistente (art. 246.° n.° 4); a falta de constituição como assistente pelo ofendido preclude, em princípio, a legitimidade do Ministério Público para a investigação e promoção processual (art. 52.°, entre outros, do CPP); a constituição como assistente implica o pagamento de uma soma pecuniária correspondente a duas UCs; não há lugar a detenção em flagrante delito (art. 255.° n.° 4); a necessidade de deduzir acusação particular, implicando o recurso a advogado (constituído ou nomeado); etc.

Princípio da Oportunidade   45

Em rigor, poder-se-ía dizer que não se integra verdadeiramente num programa de "diversão", uma vez que, na versão anterior do CPP, acabava por haver uma audiência (ainda que informal) e há sempre sentença condenatória. Em todo o caso, a audiência inscrevia-se num propósito de dar ao arguido a possibilidade de ser ouvido. E o êxito da iniciativa exige a adesão do arguido, para além das intervenções, de sentido convergente, do Juiz e do Ministério Público (sob pena de reenvio para a forma de processo comum).

Pode dizer-se, assim, que o processo sumaríssimo tem carácter *jurisdicional* (o Juiz é que confirma a decisão, acrescentando a condenação em custas); *consensual* (implica o acordo do arguido e do Juiz ao requerimento do Ministério Público); *facultativo* (depende da iniciativa do Ministério Público com base numa motivação que terá de formular para justificar a opção por este tipo de processo – aqui residindo um espaço de oportunidade) [33].

As razões que permitem fundamentar a "oportunidade" deste mecanismo hão-de reportar-se, naturalmente, à evitação (ou redução) da estigmatização do arguido face ao processo comum; à necessidade de uma decisão de culpa ou necessidade de decisão com trânsito em julgado (v.g. para efeitos cíveis), por contraposição à suspensão provisória do processo; à celeridade ou economia processual; às exigências de prevenção; etc.

O arguido pode discordar, paralizando o consenso, da verificação formal de pressupostos desta via processual ou do sentido da decisão (factos e culpa) ou ainda das sanções propostas.

Por outro lado, a base de voluntariedade ou consensualismo que enforma o instituto, através do consentimento do arguido, sustenta a não realização de uma audiência (atento ainda o carácter célere que se pretende) e a não admissibilidade de apresentação e produção de prova.

Na (eventual) compressão de garantias de defesa do arguido, inscrevia-se, antes da Lei 59/98, de 25-8, a reserva relativa à não concessão de um prazo de reflexão para o arguido decidir se acei-

---

[33] GASPAR, A. HENRIQUES, "Processos Especiais" *in O Novo Código de Processo Penal*, CEJ-Almedina, 1988, Coimbra, p. 376.

tava ou não a proposta do M.º P.º, uma vez que só "na data do julgamento é que o tribunal dá a conhecer ao arguido o conteúdo do requerimento" (anterior redacção do art. 396.º n.º 2 do CPP), podendo, porventura, tal ser levado a cabo com a notificação da data da "audiência" para melhor ponderação dos interesses em presença.

Acresce a problematização de uma pretensa falta do direito de *impugnação* e *defesa*, embora a forma que o arguido dispõe para reagir seja a oposição ou não aceitação do acordo. Além das dúvidas, em sede (constitucional) do acesso ao Direito, que se levantam por se considerar relevante ou operante o *comportamento omissivo* (inércia) do arguido relativamente à "proposta" do tribunal.

Outras questões de constitucionalidade que podem suscitar-se prendem-se, em sede de oportunidade, com a desigualdade de tratamento dos arguidos, a compressão das garantias de defesa (v.g. a inadmissibilidade de recurso, transitando imediatamente em julgado), a limitação do princípio vitimológico (ao não admitir a intervenção de partes civis – art. 393.º; não se estabelecendo, neste caso, um amplo contraditório, apesar de não estar arredada a hipótese de o Ministério Público deduzir pedido civil – art. 394.º do CPP).

4. CONFORMAÇÃO JURÍDICO-CONSTITUCIONAL

– Identificação de Questões de Constitucionalidade no Plano dos Princípios

O enquadramento jurídico-constitucional da temática em apreço há-de pautar-se por referência a princípios rectores, de índole constitucional, que plasmam o universo processual penal, justificando, desse modo, os epítetos de "sismógrafo", "direito constitucional aplicado", etc., que se atribuem ao processo penal.

De resto, esta valia de princípios há-de encontrar semelhante eco no plano do direito penal substantivo, no sentido de uma inteira *congruência da ordem axiológica constitucional com a ordem legal dos bens jurídicos* tutelados pelo direito penal [34].

Alguns dos princípios fundamentais do processo criminal encontram-se previstos no art. 32.º da CRP e estão na base daquilo que G. Canotilho e V. Moreira designam por *constituição processual criminal* [35].

A densificação semântica de cada um dos princípios e a sua justaposição envolvem um labor hermenêutico nada fácil para o intérprete. Importará, todavia, ter presente que "a linguagem legal varia segundo os contextos funcionais" (cit. J. Wróblewski), e que, face à mutação do contexto, a tarefa hermenêutica há-de ponderar e adequar o direito àquela flutuação, numa perspectivação dinâmica [36]. Ou seja, como organismo vivo que é, a Constituição repu-

---

[34] Dias, F. *in* O Sistema Sancionatório... *(cit)* p. 34.

[35] Canotilho, G. / Moreira, V. *in Constituição da República Portuguesa Anotada*, 3.ª ed. revista, Coimbra Editora, 1993, Coimbra, p. 202.

[36] Para Vieira de Andrade, *in Os Direitos Fundamentais na Constituição Portuguesa*, 1983, Coimbra, p. 121, (apenas) é adquirido "que a interpretação dos preceitos constitucionais não é a procura de uma vontade preexistente

dia uma perspectiva fixista, mesmo que se não tolere o sacrifício do primado da norma em proveito do primado do problema[37]. Mas também não é legítimo que o legislador ordinário "fixe" o sentido da norma constitucional, à semelhança do que faz por via de interpretação autêntica relativamente às normas que edita, antes devendo proceder a uma integração sistemática, observando um "catálogo--tópico" de princípios de interpretação tópica, designadamente o da unidade constitucional[38].

Logo, a conformação constitucional das questões processuais penais há-de, naturalmente, reflectir o modo peculiar e critérios de interpretação que presidem ao quadro hermenêutico do intérprete no momento em que se coloca a questão da constitucionalidade.

4.1. Princípio da legalidade

4.1.1. A conformação jurídico-constitucional da oportunidade desenha-se, como seu quadro de fundo, em torno do *princípio da legalidade*, direccionado essencialmente, neste texto, para o Ministério Público. Nesta perspectiva, tal princípio significa que o Ministério Público deve proceder a inquérito e deduzir acusação sempre que se verifiquem os pressupostos jurídico-factuais da incriminação e os requisitos de procedibilidade da acção penal.

Neste plano, assumem relevância – no sentido da oportunidade – os mecanismos previstos no art. 281.º, relativo à suspensão provisória do processo, bem como no art. 280.º, relativo ao arquivamento em caso de dispensa de pena, enquanto inflecções à "*obrigatoriedade*" de exercício da acção penal em situações em que se mostram verificados os respectivos pressupostos, substantivos e processuais.

à qual o intérprete deva obediência, pois as normas respectivas não contêm uma regulamentação concreta definitiva ou inequívoca, existindo apenas um problema normativo a resolver".

[37] MIRANDA, JORGE, *in Manual de Direito Constitucional*, Tomo II, 2.ª ed. – reimpressão, Coimbra Editora, 1987, Coimbra, p. 117 e 127.

[38] CANOTILHO, J. GOMES, *in Direito Constitucional*, 4.ª ed. 2.ª reimp., Almedina, 1989, Coimbra, p. 167.

Princípio da Oportunidade 49

Diz-se, então, que "o Ministério Público não dispõe do *direito* de acusar ou de não acusar. Compete-lhe sim *exercer* a acção penal [....] de acordo com critérios de legalidade" [39], com sede normativo-constitucional no art. 219.° n.° 1 da CRP.

Indubitavelmente, o princípio da legalidade é o denominador do nosso sistema [40] (art. 262.° n.° 2 e 283.° do CPP): o Ministério Público deve actuar sob o signo da lei e não por critérios de oportunidade, sejam eles de ordem política, financeira, estatística ou outros. Aliás, comina-se mesmo a responsabilidade criminal para a actuação desconforme à lei v.g. através do crime de denegação da justiça e prevaricação (369.° do CP). A que acresce o controlo institucional daquela actuação, ao nível *hierárquico* – com a possibilidade de reabertura do inquérito, além de eventual procedimento disciplinar – e *judicial* – através da instrução ou do (não) recebimento da acusação.

Neste contexto, pode dizer-se que o princípio da legalidade (estrita) ou "obrigatoriedade" (pura) conduz à indisponibilidade do processo e do seu objecto, encontrando-se consequentemente vedada a renúncia ou desistência da acusação.

Por conseguinte, tal princípio dirige-se ao Ministério Público sob um tríplice aspecto: *a)* de obrigatoriedade de *iniciativa ou promoção processual*, no sentido de que este deve dar início ao processo penal por crimes de que, por qualquer forma, tenha tomado conhecimento e para cujo exercício tenha legitimidade; em rigor, trata-se do princípio da *oficialidade* (oficiosidade) do impulso inicial (crimes públicos e as situações de regime de "oficialidade especial" por razões de interesse público v.g. art. 113.° n.° 5 do CPP) [41]; *b)* de obrigatoriedade de *prossecução processual*, traduzida na ideia de que o Ministério Público é obrigado a promover efectivamente

---

[39] MOREIRA, VITAL *in* Declaração de Voto ao Ac. 7/87 de 8-1 do TC ("DR", I, n.° 33, de 9-2)

[40] Como em outros sistemas v.g. o espanhol – cfr. MÉNDEZ, F. RAMOS *in El Proceso Penal – Lectura Constitucional*, Libreria Bosch, 1988, Barcelona, 27-28.

[41] Caberia, nesta sede, distinguir "notícias sérias ou qualificadas" de "notícias infundadas ou pseudo-notícias" (nesse sentido, CHIAVARIO, M. *op. cit.*, p. 338-339).

o inquérito, realizando as diligências de prova tendentes a apurar a existência do crime, identificação do autor e sua responsabilidade; *c*) de obrigatoriedade de *exercício da acção penal*, no sentido de que o Ministério Público deve deduzir acusação sempre que, no caso, tenha reunido *indícios suficientes* que fundamentem a existência de crime e a identidade do seu autor e se mostre razoável a expectativa de vir a ser aplicada uma pena; é neste momento processual que se desenha com maior acuidade a dicotomia "princípio da legalidade" *versus* "oportunidade", através do reconhecimento ou não de discricionariedade na tomada de decisão sobre o exercício da acção penal.

A este propósito, três linhas de análise podem ser enunciadas: a de saber se o Ministério Público detém o *monopólio* do exercício da acção penal; se se trata de um *poder* vinculado ou se detém uma margem de liberdade; e ainda, se tem o *dever* (absoluto) de exercer a acção penal.

No que concerne ao primeiro ponto, ainda que a questão possa parecer "problemática", na expressão de Gomes Canotilho e Vital Moreira [42], é hoje admitida com alguma latitude no programa político-criminal [43], a promoção processual – impulso inicial, colaboração na investigação e produção de prova, e dedução de acusação – pelo assistente (arts. 69.º, 284.º e 285.º do CPP), conectada com os crimes semi-públicos e, de modo especial, os crimes particulares. Esta quebra de exclusividade (limitação num caso, excepção no outro), de sentido "privatístico", não afecta substancialmente a regra que continua a ser a de conferir a um órgão público – sem excluir o acompanhamento por este da acção penal "privada" – a interpretação do desígnio comunitário de perseguição criminal, mantendo-se, assim, o interesse público na realização da justiça e protecção da ordem social.

---

[42] CANOTILHO, G. / MOREIRA, V. *in Constituição da República Portuguesa Anotada*, 3.ª ed. revista, Coimbra Editora, 1993, Coimbra, p. 830.

[43] Seja pela "insignificância" social ou carácter mediático (da lesão) de bens jurídicos considerados fundamentais pela sociedade; seja por razões de "inconveniência" do ofendido na prossecução penal (incómodos, vexame, etc); seja por razões de "despistagem processual" para vias menos formais (diversão).

Princípio da Oportunidade

No que se refere ao segundo aspecto, afigura-se-me que a questão se reconduz, basicamente, em saber o que se deve entender por *suficiência de indícios*, pressuposto vinculante do exercício da acção penal, mesmo que explicitado na fórmula "possibilidade razoável" de aplicação de pena em julgamento (art. 283.° n.° 1 e 2 do CPP). Logo, na concretização do que seja suficiência de indícios, está implícita a formulação de juízos de facto, juízos de direito e juízos de prognose (contingente)...

Significa isso que não fica eliminada a subjectividade de conformação prática, de adequação de proposições abstractas ao caso concreto, de juízo de valor, não tanto na subsunção dos factos ao direito, mas especialmente de avaliação de elementos de prova para inteligir e delimitar o "facto". É que não existe uma bitola-padrão, concretizável; ela varia, certamente, no plano subjectivo e no plano objectivo, mesmo que o sentido seja o de sujeitar a avaliação e decisão a um modelo lógico-legal (que implique um distanciamento cultural e emocional). Aqui reside, por isso, uma discricionariedade de *juízo*, cuja maior ou menor exigência de verificação de indícios suficientes conduz a destinos processuais opostos. Ou seja, a legalidade (obrigatoriedade) não é, neste sentido, um princípio de *verificação automática* ou de *validade absoluta*: torna-se "maleável" na formulação de juízos (entendimentos) e, porventura, na qualificação jurídica (em todo o caso, de subsunção dos factos à lei).

Este aspecto integra-se também naquilo que se designa por discricionariedade "real" [44] ou "natural" [45], que ocorre mesmo num quadro de legalidade integral.

Quanto ao terceiro aspecto, parece-me que se deve realçar o facto de o *dever* de exercício da ação penal não constituir um dever "cego", um dever de acusar "a todo o custo". Essa visão tenderia para uma lógica de maior eficácia e de menor justiça, cuja implementação implicaria um insustentável risco de exposição social e "estigma" do agente, que a visibilidade informacional ocasiona.

---

[44] DIAS, F./ ANDRADE, COSTA *in Criminologia... (cit) p. 494.*

[45] BELEZA,TERESA P., *et alii, in Apontamentos... (cit) p. 111*

Ora, nos termos da lei constitucional e da lei orgânica do Ministério Público, a actuação deste deve pautar-se por critérios de objectividade, legalidade e justiça; ou ainda, nos termos do art. 53.º n.º 1 do CPP, deve aquele "colaborar com o tribunal na descoberta da verdade e na realização do direito, obedecendo em todas as intervenções processuais a critérios de estrita objectividade". Pare-ce-me, assim, que, na decorrência de tais regras, mais do que um *dever* (estrito) de acusar, o Ministério Público tem um dever de justiça e de obediência à lei. E estes deveres, mesmo no plano da pretensão punitiva do Estado que aquele representa, podem tradu-zir-se no não exercício da acção penal e subsequente não punição, por que deve o Ministério Público pugnar. Também nesta linha de pensamento se podem inscrever os mecanismos a que vimos a aludir – suspensão do processo e arquivamento em situação que justifique a dispensa da pena.

São esses mesmos parâmetros que devem manter-se no âmbito da investigação: o Ministério Público deve proceder integralmente à investigação no sentido da descoberta da verdade – e a verdade será sempre uma verdade-aproximação, um ideal que "será usado como princípio regulador da verdade processual, verdade esta nor-teada pelo princípio da correspondência, com factos e leis" (Tarski e K. Popper) –; deve investigar a responsabilidade e a não respon-sabilidade do arguido; deve investigar a culpa e a não-culpa.

Do que resulta, segundo julgo, que o exercício da acção penal se traduz num "poder-dever" inter-conexionado com outros vecto-res, um "poder funcional".

4.1.2. Outra linha de argumentação, em sede da problematiza-ção da oportunidade, é a da sua conformação com a realização dos *fins das penas*.

Na linha de pensamento que veio a ser consignado no actual art. 40.º do CP (entre outros) em que os fins das penas se recon-duzem aos da *prevenção geral* [46] e *prevenção especial*, remetendo

---

[46] Entendida como prevenção geral de integração (positiva), em que a "finalidade principal da pena reside no *restabelecimento da ordem exterior da*

Princípio da Oportunidade 53

o princípio da *culpa* para uma função de *limite* da punição, é comum afirmar-se que "o princípio da *legalidade* defende e potencia o efeito de **prevenção geral** que está ligado não unicamente à pena mas a toda a administração da justiça penal"[47]. Ou seja, "se o legislador tomar a sério a sua tarefa de limitar o direito penal à tutela, em *ultima ratio*, de bens jurídicos, então só poderá ser consequente se prescrever que, nos casos por ele definidos como dignos de pena, a punição, por princípio, tenha lugar"[48].

Porém, esta não me parece ser uma verdade inabalável.

Com efeito, o objectivo último de uma eficaz política criminal de prevenção não é erradicar o crime – isso é utópico – mas controlá-lo dentro de limites razoáveis[49]. Acresce que o princípio da legalidade só obtém a optimização dos desígnios que se propõe num contexto de funcionamento ideal do sistema, cuja concretização está longe de atingir tal plano. Finalmente, não se preclude a possibilidade de os propósitos de uma política criminal marcada pela protecção de bens jurídicos ser atingida pela admissibilidade (ou combinação) de outras vias mais "humanas" (renunciando-se, em certos casos, à pena). De facto, através das alternativas ao clássico sistema, estar-se-á "a exercitar uma nova prática criminal e a construir as bases de uma nova via superadora da sociedade carcerária que o Estado Social de Direito já não consegue sequer legitimar"[50].

Ora, os programas "finais" de política criminal variam em função da sua maior ou menor relevância etiológica, dos destinatários a que se dirigem, dos instrumentos que utilizam, do âmbito e dos escopos específicos que encerram. Pode, então, falar-se de uma prevenção "primária", de cariz social e comunitário, e que respeita à

---

sociedade", como já proclamava Carrara. (cit. por DIAS, F., "Carrara ...", *op. cit.*, 1988-b, p. 8).

[47] DIAS, F., *in Direito Processual Penal, 1988-89 (cit), p. 94.*

[48] REISS, cit. por ANDRADE, COSTA *in* "Oportunidade e Consenso", p. 345.

[49] MOLINA, G.P., "Problemas y Tendências de la Moderna Criminologia" *in Cuadernos de Derecho Judicial – Criminologia*, XXIX, Consejo General del Poder Judicial, 1994, p. 351.

[50] BARREIROS, JOSÉ A., "O Futuro do Processo Criminal" *in Revista do Ministério Público*, Ano 4, n.° 15, p. 106.

promoção do bem-estar, emprego, educação, exclusão social, etc.; ou de uma prevenção "secundária", dirigida, selectivamente, às manifestações em concreto do fenómeno criminal e sua configuração, plasmando um conjunto de medidas concretas da política legislativa criminal e da acção policial, em que se privilegiam vias informais no tratamento da criminalidade; ou ainda a prevenção "terciária" direccionada para a população reclusa e com o objectivo de evitar a reincidência[51].

A ideia de oportunidade tem cabimento ao nível da prevenção "secundária", emergindo, no entanto, como socialmente salutar a prevenção e composição de conflitos, informalmente, ao nível das instituições de base (família, escola, igreja, grupo cultural/desportivo, etc.).

Garcia-Pablos Molina baseia-se em vários estudos realizados para afirmar que os programas de prevenção terciária têm menor eficácia preventiva [...], ou seja, enquanto os programas de prevenção primária são mais úteis que os de prevenção secundária e estes que os de terciária[52].

De resto, na linha de Montesquieu[53], o efeito de *prevenção geral,* mais do que depender da severidade das penas, depende do *grau de probabilidade* da punição e do *lapso de tempo* que medeia entre a sua efectivação e a prática do facto.

Ou seja, a condenação penal tende a chegar (normalmente) tarde para cumprir o seu desígnio de prevenção – quando o conflito já se apaziguou, reacendendo-se até, ainda que só para efeitos de representação da realidade que é objecto de apreciação judiciária.

Por outro lado, no actual quadro de finalidades das penas inclui-se a ***reintegração do agente na sociedade***. Tal desígnio realiza-se através da prossecução de certos *itens: a)* evitar o julgamento enquanto "cerimónia degradante", fonte de estigmas, e o julgamento paralelo e antecipado na opinião pública, além de efeitos conexos

---

[51] MOLINA, G.P., *op. cit.*, p. 347 e ss.

[52] MOLINA, G.P., *op. cit.*, p. 351-352.

[53] Cfr. DIAS, F., *Direito Processual, op. cit.*, 1988-89, p. 20; RODRIGUES, ANABELA M., "O Inquérito no novo CPP" *in O Novo Código de Processo Penal,* CEJ – Almedina, 1988, Coimbra, p. 66.

Princípio da Oportunidade 55

(participação ao registo criminal da existência de pronúncia ou condenação; alocução/exortação final do juiz, às vezes próxima da "admoestação", até em casos de absolvição); *b)* superar a ineficácia da pena, originada pelo decurso do tempo, com todos os seus efeitos "desintegradores" – que geram ressentimentos, hostilidade, etc. – para com o sistema, para com a vítima e para com a sociedade e inerente ausência de intercomunicação dos papéis vítima-delinquente no sentido da sua pacificação; *c)* operar uma "selectividade" do fenómeno criminal e adoptar técnicas de intervenção não penal, que representam pilares dos programas preventivos[54], na base do mandamento da "intervenção mínima" e do elevado custo social da reacção penal formal; *d)* romper com o cepticismo com que se olha as penas como *instrumentos dissuasores,* visão esta, aliás, posta em causa a partir de alguns quadrantes teóricos (da sua abordagem), quer se atenda ao seu "rigor nominal" (pena abstracta) quer ao seu "rigor real" (pena concreta)[55]; *e)* alicerçar uma linha de raciocínio oposta, sedimentada na crença de obtenção de resultados através da via de *prestações positivas,* de índole reabilitativa, no sentido de provocar um espaço comunicacional e de interacção do arguido com a vítima, terceiros ou sociedade – já que aquele não é o único protagonista do sucesso delitivo –; de repor a situação anterior ou de compensar a vítima; de pacificar, por via informal (ou menos formal), o conflito; e, sobretudo, de potenciar a auto-estima.

Mas também na prossecução daqueles ideais – e em face dos dados de prontidão de actuação, de efectivação de medidas, e do espaço comunicacional-pacificador que se gera – não deixa de se

---

[54] MOLINA, G.P., *op. cit.,* p. 348.

[55] Neste contexto, colhe-se da Moderna Psicologia ilações interessantes, a partir de uma abordagem da equação *estímulo-resposta* enquanto potenciadora da eficácia contra-motivadora, depreciando-se a ideia da severidade das penas perante outros factores: prontidão na medida/sanção; grau de probablidade de imposição da sanção (falibilidade do sistema, espaços de fuga, competência de acção, etc); ponderação subjectiva das consequências do comportamento delitivo; capacidade de redefinição da conduta criminosa e (maior ou menor) capacidade de ser influenciado pela sanção; tipo de crime em presença (criminalidade "instrumental", "expressiva", etc.).

realizar, por diferente modo, *a afirmação contrafáctica da norma violada e a estabilização das expectativas comunitárias relativamente à norma*, ainda que em grau diverso. De resto, as medidas aplicadas (art. 281.º do CPP) "visam alertar o arguido para a validade da ordem jurídica e despertar nele o sentimento de fidelidade ao direito" [56], cumprindo o "*modus* de validade (e vigência) jurídica" que o processo penal promove [57]

Logo, a estratégia de prevenção deverá ser pluridireccional e coordenada através de "programas-finais", orientados selectivamente para todos e cada um dos factores que concorrem no fenómeno criminoso, ora acentuando dialecticamente as dimensões da *culpa* e da *socialização* do agente, ora reafirmando a *validade social da norma*, ora promovendo o *roubo do conflito* ao sistema formal (tanto do ponto de vista do arguido como da vítima).

Na admissibilidade de um plano pluri-programático há-de nele rever-se os institutos em apreço (previstos nos arts. 280.º, 281.º e 392.º e ss.), inscritos no "programa final" que o nosso sistema encerra [58], conexionado com o plano da *desjudiciarização* ou *diversão*, enquanto fomentadores do consenso, auto-estima e reabilitação social (potenciado pela participação assumida do arguido), e todo o ideário referenciado, até pelas vias opcionais de medidas que melhor realizem as finalidades pretendidas.

O princípio da **culpa** é dos princípios que mais dificuldades suscita, nesta sede, quer no que concerne à sua *determinabilidade* extra-julgamento, quer no que respeita à *aplicação de medidas*, já que toda a reacção criminal pressupõe um juízo de censura ao agente [59].

Antes de mais, importa referir que estes aspectos parecem atingir o princípio da *presunção de inocência* no sentido de que exprime uma das "garantias más polifacéticas que inunda todo el proceso

---

[56] RODRIGUES, ANABELA M., *op. cit.*, p. 75.

[57] DIAS, F., *op. cit.*, 1988-89, p. 22.

[58] DIAS, F., *op. cit.*, 1988-89, p. 21.

[59] Sobre este último aspecto, COSTA, FARIA, *op. cit.*, p. 124 e ss.

Princípio da Oportunidade

penal"[60] e que, em rigor, tende para a proibição de fixação da culpa antes de sentença transitada em julgado (e, muito menos, de presunção de culpa), para a inadmissibilidade de sanções antecipadas, para a eleição do axioma *in dubio pro reo*. As garantias de liberdade devem ser concebidas, no modo de operar judicial, como garantias de verdade, num quadro processual dialéctico. De resto, nas palavras de Mário Torres, "a sujeição do arguido a uma medida que tenha a mesma natureza de uma pena e que se funde num juízo de probabilidade de futura condenação viola intoleravelmente a *presunção de inocência* [...] pois tal antecipação de pena basear-se-á justamente numa *presunção de culpabilidade*"[61].

Visa-se, por isso, com tal princípio promover uma "orientação defensiva" do arguido, enquadrada na ideia de parificação de acusação e defesa, tendo por horizonte um desequilíbrio (inicial) em favor da acusação[62] – cuja descompensação importa esbater –, dada a assimetria que se alcança no processo, quer no plano material quer no plano orgânico-subjectivo (autoridade-arguido).

Ainda assim, sobre tal matéria e, em especial no que concerne à confluência de culpa, importará ter presente que a determinação da culpa é uma formulação provisória, inacabada (até porque o processo pode vir a prosseguir, rumo a uma condenação ou absolvição) e indiciária (em termos probatórios) e assente na auto-admissibilidade. Não deixa, todavia, de se verificar uma certa formulação (indiciação) de culpa; mas, de certo ponto de vista, tal mostra-se inevitável como sucede no momento da dedução de acusação, da determinação da prisão preventiva, do arquivamento (pela negativa). Em

---

(60) MÉNDEZ, F. RAMOS, *op. cit.*, p. 14.

(61) TORRES, MÁRIO, "Suspensão e Demissão de Funcionários ou agentes como Efeito de Pronúncia ou Condenação Criminais" *in Revista do Ministério Público*, n.º 25 e 26, pp. 119 e ss. e 161 e ss.; cfr. ainda Ac. do CC 168 *in* "DR" de 3/7/1980; Ac. do TC. 282/86 *in* "DR" de 11-11-1986 e 439/87 *in* "DR" 17-2-1988.

(62) Sobre esta temática, cfr. PALMA, F., "A Constitucionalidade do artigo 342.º do Código de Processo Penal (O Direito ao Silêncio do Arguido)", 1993, *in* Sep. da *Revista do Ministério Público*, n.º 60, 1995, Lisboa, p. 100-110; MOURA, SOUTO, "A Questão da Presunção de Inocência do Arguido" *in Revista do M.º P.º*, n.º 42, 1990, Lisboa, p. 31-48.

todo o caso, está afastada a ideia de "negociação de culpa", recorrente nos EUA [63], ou seja, o sistema português não consente uma "manipulação abusiva" do consentimento.

Ora, a "parametrização" da decisão nestes institutos (*maxime* na suspensão), sendo próxima da da sentença, conhece alguns desvios ou regras próprias, designadamente no que concerne a critérios de determinação da sanção. Com efeito, a exigibilidade de uma "culpa diminuta" (no caso do art. 280.º pela via dos pressupostos da dispensa da pena – art. 74.º CP) e a "ausência de antecedentes criminais" equacionam o espaço de conformação do caso, ligando-o a desígnios reabilitativos ou de preservação do agente, no acto "isolado" ou em "início de carreira". A culpa, assim enunciada, tem uma "função identificadora" [64] dos delitos a que o expediente se dirige, embora a falta da sua definição conduza à sugestão do seu equacionamento com o conceito de culpa em sede de medida da pena ou a um conceito quantitativo que ainda seria expressão da gravidade do facto (à luz do juízo de culpa).

Acresce que já é comummente aceite desvincular-se a ideia de censura da de pena quando, havendo lugar àquela, não se siga a aplicação desta última, circunstancialismo traduzido nas figuras de isenção e dispensa de pena, por observância de outras razões teleológicas.

Por outro lado, uma vez que a matriz onde se funda o princípio da culpa é a da inviolabilidade da pessoa humana – reduto inultrapassável do Estado de Direito Democrático –, emergindo como condição necessária mas não suficiente da aplicação de uma pena, permite, assim, afastar-se da concepção retributiva da pena e compatibilizar-se com a ideia de reintegração social do agente – "vertente social" do princípio da culpa [65].

E, por outro lado, a admissibilidade da aplicação de medidas sem a inteira clarificação da culpa – salvaguardando a própria presunção de inocência, mesmo com aceitação e cumprimento de injun-

---

[63] Já que me parece que a não admissibilidade pelo arguido da realização culposa dos factos preclude, sob pena de efectiva falta de liberdade, o acordo.

[64] HÜNERFELD, PETER, "A Pequena Criminalidade", *op. cit.*

[65] DIAS, F. *in* O Sistema Sancionatório... *op. cit.*, p. 36-37.

Princípio da Oportunidade

ções de que pode desistir a todo o momento – pretende-se compensada pela ideia de "resgate" que o cumprimento daquelas pode sugerir, mas, acima de tudo, pela ideia de contrapolo ao "interesse público", em face do qual as medidas acabam por ter uma "eficácia dirimente", a que acresce uma direccionalidade para o quadro de reacções penais que o legislador (*maxime*, com a revisão do CP) elegeu, enfatizando a multa e demais penas não detentivas.

4.1.3. Em regra, a questão da oportunidade não se coloca hoje no sentido da sua exclusão ou da sua absolutização no confronto com o princípio da legalidade. Trata-se da sua colocação ou do espaço que se lhe reserva num quadro de prevalência da legalidade, enquanto limitação deste princípio.

De resto, tal limitação só é admissível em nome de outros valores atendíveis: em nome da correspondente proporcionalidade prototípica das infracções a que a oportunidade se dirige (pequena criminalidade), também esse um princípio acolhido constitucionalmente; da eficácia do sistema, pela adopção de vias céleres ou de tramitação simplificada, consagrada pela lei de autorização legislativa (Lei n.º 43/86, de 26-09, art. 2.º n.º 2 pontos 1, 21, 46, 51 e 68) e preâmbulo do CPP como uma das traves-mestras do programa processual penal; de formalização ou "oficialização" do circunstancialismo que, atentas as suas características (pequena importância), era passível de conduzir à aludida "discricionariedade real", no sistema de legalidade "pura", mais parecendo sugerir "a queda do mito de uma obrigatoriedade rigidamente compreendida" [66]; finalmente, por razões atinentes a evitar a "estigmatização" do agente que naturalmente ocorre com a sujeição de alguém a julgamento – hoje, exponenciada pela "era *mediática*", ocasionando a transmutação (perversão) de sentido e razão de ser da publicidade do julgamento (particularmente na situação de inocência/absolvição).

Por conseguinte, as inflexões ou aberturas do princípio da legalidade tendem a reflectir um "equilibrado balanço de interesses" [67]

---

[66] CHIAVARIO, M., *op. cit.*, p. 352.

[67] CHIAVARIO, M., *op. cit.*, p. 352.

entre os valores que lhe subjazem e o sistema garantístico que o princípio da legalidade encerra. É precisamente no equilíbrio dinâmico correspectivo de institutos e valores subjacentes que se pode admitir a limitação do princípio da legalidade pelo da oportunidade sem que, de modo intolerável, aquele seja posto em causa ou postergado.

4.2. Princípio da acusação ou estrutura acusatória

4.2.1. Na arquitectura processual penal, *o princípio acusatório* assume verdadeira natureza estrutural do processo (art. 32.° n.° 5 da CRP).

Na "densificação" semântica da expressão "estrutura acusatória", é comum distinguir-se uma *dimensão orgânico-subjectiva,* em sede da qual se diferencia o órgão com competência para formular a acusação (Ministério Público; Juiz) do órgão ou entidade com funções de julgamento; e uma *dimensão material,* à luz da qual se diferenciam as fases do processo – inquérito; instrução; julgamento [68].

Ou seja, na base deste princípio está a ideia segundo a qual a entidade julgadora não pode desencadear oficiosamente o processo penal nem manipular o seu objecto: a acusação é pressuposto e limite da actuação judicial no conhecimento da matéria submetida a apreciação, na produção de prova e na decisão, ou seja, ela fixa e delimita o objecto do processo.

Tal princípio pretende operar uma tripla garantia: de ordenação limitadora do próprio poder punitivo estadual, com a desmultiplicação funcional de sujeitos e fases processuais; de defesa do arguido no sentido de evitar o efeito-surpresa da acusação, permitindo a preparação da defesa; e de imparcialidade do tribunal, através de um controle da acusação sem estar condicionado por juízos formulados na investigação.

---

[68] CANOTILHO, G. / MOREIRA, V. *in Constituição (cit)* p. 206; DIAS, F., *in Direito Processual Penal (cit), 1988-89,* p. 97 e ss.

Princípio da Oportunidade 61

O sistema garantístico que o processo de estrutura acusatória pretende ser (a forma que melhor efectiva as garantias, segundo L. Ferrajoli) – no reconhecimento do direito de defesa ao longo de todo o processo, na efectivação e clarificação da presunção de inocência, no carácter indisponível do objecto do processo, na eficácia conformadora dos requerimentos de prova da acusação e da defesa, e proibição-regra de valoração de provas não produzidas em julgamento [69] e sujeitas ao contraditório, etc. – só se realiza, em última análise, na sua plenitude, com o total desenvolvimento do objecto da acção penal. O processo alinha-se e tende a assegurar uma reacção formal-institucional ao crime, objecto do processo, e, só nesse contexto, se poderá falar em "legitimação através do processo" (N. Luhmann).

Ora, a inexistência de acusação, nos processos arquivados por razões de dispensa de pena ou na suspensão provisória, frusta tal desígnio que o princípio da estrutura acusatória visa promover.

No entanto, pode sustentar-se que a não observância daquele percurso processual, nos casos dos arts. 280.º e 281.º do CPP, assenta num alinhamento de base realista [70] e no acolhimento de outros princípios relevantes, com carácter constitucional e legal. Assim, desde logo, a ideia de *consentimento* do arguido, enquanto expressão da autonomia pessoal, constitucionalmente garantida [71], no caso da suspensão provisória. Por outro lado, emerge a regra de proporcionalidade da perseguição penal (ou da sanção) – na lógica do interesse punitivo do Estado – com a reduzida "danosidade social" do facto e da culpa do agente em presença naqueles casos

---

[69] Mesmo que isso conduza a uma inversão do sentido da prova coligida no inquérito e origine – quando não haja lugar ao registo da prova em audiência – uma descontextualização (contradição) da decisão (com a prova do processo/ /inquérito).

[70] Já que, no limite, o arguido poderia pretender afirmar publicamente a sua inocência com a absolvição em julgamento e não se compadecer com um "discreto" arquivamento, mas razões de índole pragmática (razões da vida de cada um) fá-lo aceitar a "morte" do processo (como v.g. na desistência de queixa pelo ofendido).

[71] ANDRADE, COSTA, *in* "Consenso e Oportunidade" (cit), p. 331.

(enquanto seus requisitos). Sobreleva ainda a ideia de celeridade e eficácia do sistema, imanentes a este, sendo também aqueles propósitos subjacentes a um quadro de acesso ao direito e à justiça, com ressonância constitucional (arts. 32.° n.° 2 e 20.° da CRP).

Sem se confundir com o processo de tipo acusatório, uma vez integrado pelo princípio da investigação, o princípio da estrutura acusatória do processo encontra na sua decorrência ou confinando com ele, outros princípios à luz dos quais se colocam ainda, directa ou indirectamente, questões de constitucionalidade da matéria em apreço: o do contraditório; o da investigação ou verdade material; o da parificação de partes.

4.2.2. O princípio do *contraditório* (art. 32.° n.° 5 da CRP), de impreciso recorte dogmático, significa, antes de mais, que a actividade judicial deve desenvolver-se levando em consideração as razões da acusação e da defesa.

Ora, a ausência de concretização do princípio em sede dos institutos em apreço, pode alinhar-se basicamente nas considerações seguintes: por um lado, trata-se de uma (pretensa) deficiência com uma extensão mais ampla, de todo o inquérito, fase marcada pelo segredo de justiça (com parcos exemplos de contraditoriedade – arts. 61.° e 69.° do CPP), uma vez que o princípio em apreço se dirige primordialmente à fase de julgamento (arts. 321.°, 355.° e 360.° do CPP) e instrução (art. 298.°). Releva, por outro lado, tal linha de argumentação na óptica do *arguido* quando se diz que este não pôde, até agora, contrariar o sentido da investigação oficial por não ter acesso ao processo (a todas as peças processuais), e, por isso, a tomada de posição relativamente à suspensão do processo é o corolário da impossibilidade de contraditar ou apresentar condições de adesão àquela, logo, não se encontrando inteiramente livre quando colocado perante a alternativa (acusação e virtual sujeição a julgamento).

A refutação desta linha de análise passa pela relevância do consentimento do arguido a uma *proposta* de suspensão do processo (não é imposta, até porque ainda se requer a concordância do juiz como garante de imparcialidade e composição de interesses em presença) – acordo que se há-de referir à decisão de suspensão, às injunções propostas e ao prazo apontado – nada impedindo que o arguido "negoceie" qualquer uma destas componentes propostas, cuja discordância faz paralizar a suspensão. Acresce que face ao cenário de indiciação própria de acusação, o expediente da suspensão revela-se, apesar de tudo, como mecanismo gracioso sem paralelo no sistema de legalidade pura onde virtualmente o arguido teria de sujeitar-se a julgamento.

Também na óptica da *vítima* se coloca a questão do cerceamento do princípio *vitimológico,* designadamente através do deficiente exercício do contraditório, sobretudo em sede do arquivamento em caso de dispensa da pena e no processo sumaríssimo.

Tal princípio não parece ter consagração directa na CRP, na perspectiva aqui suscitada (do ressarcimento), ou tem de modo indirecto (da segurança, direccionada para a criminalidade de massa – art. 27.º n.º 1). Mesmo assim, o problema é ainda de fundo – do processo (pelo menos no sentido da "desoficialização" de indemnização), em que se reclama um reforço do papel da vítima, na sua formulação positiva de condicionar o destino do processo – embora se possa dizer que a vítima tem capacidade equivalente à do arguido para paralizar a suspensão, através da sua constituição como assistente. O mesmo não parece verificar-se no caso do processo sumaríssimo e no arquivamento em virtude de uma situação de dispensa da pena, apesar de aqui sobrelevarem razões que se prendem com a ideia de bagatelas e os foros de subrogação do Estado face à vítima no privilegiamento da relação Estado-arguido, e, ali, a compressão do princípio vitimológico explicar-se por razões de economia processual que não se compadeceriam com a necessidade de produção da prova para determinação do dano.

Por outro lado, juntam-se vozes que enfatizam a satisfação das expectativas da vítima fora do âmbito do Processo Penal. É que com a morosidade ou o mau funcionamento da justiça (ineficiência, incómodos, despesas, incapacidade da justiça para executar as suas decisões, desrespeito para com a pessoa da vítima e testemunhas, etc.), leva a que a condenação traga para a vítima apenas aquilo que

A. Hespanha chama de "satisfação moral" [72]. Chega-se mesmo a afirmar a coexistência ou o abandono do "paradigma retributivo" e, em sua substituição, instituir-se o "paradigma restaurativo" baseado na conciliação e compensação [73].

4.2.3. Na decorrência destes princípio surge o princípio da *"parificação de posicionamento jurídico dos sujeitos da relação processual"*, com consagração ao nível da lei de autorização legislativa (do CPP) e radicado no art. 6.º n.º 1 da Convenção Europeia dos Direitos do Homem.

Ainda que não esteja em causa uma igualização "matemática" – sob pena de se ter também de indagar pela sua correspondência, na parte que não beneficia, v.g. do princípio *in dubio pro reo*, da presunção de inocência, do direito ao silêncio, do direito à última palavra, etc. [74] –, a parificação de partes orienta-se, como sistema de compensações dispersas, no sentido da recuperação do equilíbrio por parte da defesa, face ao desequilíbrio inicial (poder público na dedução da acusação, capacidade de investigação, ausência de contraditoriedade e defesa, ausência do "segundo exame" por juiz imparcial, etc.) e na exclusão da ideia de o arguido servir de meio de prova na disponibilidade da acusação.

Esta descompensação dos desempenhos dos sujeitos processuais, parece-me debelada, nos mecanismos processuais a que se vem a aludir, essencialmente pela via da participação e adesão assumida do arguido e do assistente, cada qual com capacidade de paralizar o procedimento.

---

[72] HESPASNHA, ANTÓNIO, "Lei e Justiça: História e Prospectiva de um Paradigma" *in Justiça e Litigiosidade: História e Prospectiva*, Fundação C. Gulbenkian, Lisboa, 1993, p. 26.

[73] BARNET, R. E., "Restitution, a new paradigm of criminal justice" *in Perspectives on crime victims,* editado por B. Galaway y J. Hudson, San Luis, C. V. Mosby, 1981. DEMANET, G., "La Mediation Penale" *in Revue de Droit Penal et de Criminologie,* Ministère de la Justice, Nov. – 1995, Bruxelles, p. 887-923.

[74] Nesse sentido, DIAS, F. "Sobre os Sujeitos..." *op. cit.*, 1988.; cfr. ainda em sentido oposto o Ac. do T.C. 495/89 de 13-7 ("DR", II, 28-1-1991) e o Ac. do T.C. 150/87 ("DR", II, 18-9-1987).

Princípio da Oportunidade

4.2.4. O princípio da **investigação** (ou da verdade material) traduz o poder-dever que o tribunal tem de, autonomamente e para além dos contributos da acusação e da defesa, instruir e esclarecer autonomamente o *thema decidendi*.

Parece frustrar-se este princípio na suspensão provisória do processo e, ainda que em menor medida, no processo sumaríssimo, já que não se procura ir até ao fim para atingir a "verdade-correspondência", embora a obtenção desse desígnio ou a sua aproximação possa ser conseguida através da concordância do arguido (extraindo do reconhecimento dos factos, para além da restante prova, e adesão ao consenso, as suas consequências, à margem de um preconceito excessivamente "paternalista" [75]).

4.2.5. Nas interconexões destes princípios – cuja fronteira se revela, na sua concretização, logicamente fluida – emerge o propósito da **concordância prática** dos mesmos, não no sentido da preponderância hierárquica de um deles mas antes na maximização de aprofundamento de cada um [76].

Assim, no plano da sua relação com os demais, o princípio da *verdade material* visa "temperar o empenho na maximização da acusatoriedade", segundo o preâmbulo do CPP, obstando ainda a um pensamento de "processo de partes" em sentido estrito.

Com efeito, este princípio integra o da *"estrutura acusatória"* [77], assumindo um carácter subsidiário ou, pelo menos, manifestações concretas de uma tal natureza (v.g. art. 348.° do CPP). Mas não é esvaziada de sentido pelo princípio do *contraditório*, já que este, na sua pureza, conduz à concepção de juiz passivo, distante do nosso sistema, já que aquele, na medida em que está funcionalmente

---

[75] Até por se mostrar assistido por defensor. Manifestação daquela ideia é ainda a dispensa de produção da restante prova em julgamento, com a confissão do arguido.

[76] DIAS, F., *in A Revisão Constitucional... op. cit.*, p. 105

[77] Só fazendo inteiro sentido a "tripla limitação" pela concorrência do princípio da acusação, da legalidade e exclusão do conhecimento privado do juiz (como aponta CASTANHEIRA NEVES, *in Sumários de Processo Criminal*, (lições), 1968, p. 44) num outro modelo ou estrutura do processo conectado com o inquisitório.

incumbido da realização da justiça não deixa de ter um "quase-
-ónus" de descoberta (busca) da verdade. Ou seja, o princípio da
investigação serve, assim, o "interesse" do juiz na formação da sua
convicção segundo aqueles ideais, podendo constituir suporte para
uma condenação quando o Ministério Público, em alegações finais,
entende dever ocorrer uma absolvição, ou suporte para uma absolvição quando, na óptica da defesa, se perspectiva uma condenação,
dirigindo a sua estratégia para uma atenuação da pena, suspensão de
execução desta, etc..

Serve ainda para inflectir a ideia de "ónus da prova" a cargo da
acusação, ainda que na versão de "ónus material da prova", no sentido de que, combinado com outros vectores – o processo penal não
é um verdadeiro processo de partes e o Ministério Público assume o
papel de "órgão de justiça" que colabora na descoberta da verdade –,
a falta de confirmação da acusação, qualquer que seja a proveniên-
cia da prova (acusação, defesa, tribunal), conduz à improcedência
da acção penal, (pelo menos) pela via do princípio *in dubio pro reo*.

Logo, a esta luz, o justo equilíbrio dos princípios da isonomia
processual, contraditoriedade e verdade material, no quadro da
estrutura acusatória, há-de exprimir-se pela recusa de absolutização
de qualquer deles e pela busca da sua concordância prática com a
optimização de cada um [78]. A justaposição e autonomização prá-
ticas destes princípios conduzem, no limite, à ideia de salvaguarda
do "garantismo", dignidade da pessoa humana e justiça (como componentes irredutíveis), vertidos, com equidade, no caso concreto.
A sua composição dialéctica, no concreto, parece-me sugerir que,
face ao prazo de oito dias para exercício do contraditório (art. 165.º
n.º 2 do CPP), a "igualdade de armas" e a contraditoriedade ainda
se estabelecem (via de regra), só se revelando afectadas no seu
núcleo essencial quando, perante a apresentação (inopinada) de novo
elemento de prova pela acusação ou pela defesa, se demonstre que
objectivamente não é possível à outra parte a intelecção, a investi-

---

[78] Cfr. Ac. Trib. Const. de 17-4-1994, no proc. n.º 403/94, com desen-
contro de posições, expresso nos votos de vencido (por exemplo, dos conselhei-
ros Assunção Esteves, Sousa Brito e Fernanda Palma).

Princípio da Oportunidade 67

gação e a contra-prova em tempo útil, por a impossibilidade estar inscrita ou ter sido criada no propósito da parte proponente (e sendo já possível na sua atempada apresentação).

A confluência deste balanço correspectivo, no plano da oportunidade, emerge e supera-se, a meu ver, pela integração do consenso – já por si relevante – e pelo estabelecimento do "duplo exame" (arts. 280.°, 281.° e 396.°).

4.3. "Reserva do juiz"

4.3.1. Uma primeira manifestação da invasão da "reserva do juiz" é a da subtracção à *jurisdicionalização integral da instrução* – tradutora de fundamental garantia processual – da fase do inquérito e, consequentemente, a do exercício da oportunidade que neste se abrem com os institutos em apreço [79].

Tributária de um percurso histórico próprio (que vai desde o reforço de poderes de actuação do Ministério Público com o Decreto n.° 35007 de 13-10-1945, até ao "inquérito policial" do DL n.° 605/75, de 3-11, na competência daquele órgão) a concepção de "instrução" a cargo de um juiz que veio a ser consignado na CRP de 1976 – que poderia significar uma ruptura com aquela tradição –, levou a Comissão Constitucional a pronunciar-se pela não inconstitucionalidade do inquérito, na versão de "inquérito preliminar" introduzida pelo DL n.° 377/77, de 6-9 [80].

A evolução interpretativa do que seja "instrução" veio permitir a compatibilização da direcção do inquérito (art. 263.° CPP) com o texto constitucional (art. 32.° n.° 4 CRP), pela consignação de que o reduto essencial de garantias encontra-se sob tutela de um juiz [81].

---

[79] Cfr. Ac. TC 7/87; cfr. CANOTILHO, G. / MOREIRA, V. *op. cit.*, p. 205.

[80] Ac. CC 6 de 5/5/77 in "DR" 6-6-77; Ac CC 39 de 6/10/77 in "DR" 30/12/77; e Ac CC 49 de 23/11/77 in "DR" 30/12/77; no sentido da inconstitucionalidade, cfr. SILVA, GERMANO MARQUES "Da inconstitucionalidade do Inquérito Preliminar" *in Scientia Juridica*, T. XXI, 1982, p. 325;

[81] VITAL MOREIRA, chega a admitir "excesso de rigor delimitativo" *in A Revisão Constitucional, o Processo Penal e os Tribunais*, p. 58, Livros Horizonte, 1981.

De resto, conforme entendimento da Comissão Constitucional (Ac. n.º 6 de 5-5-77 [82]), a intervenção do juiz justifica-se para "salvaguardar a liberdade e a segurança dos cidadãos no decurso do processo crime e para garantir que a prova canalizada para o processo foi obtida com respeito pelos direitos fundamentais", e, nesse sentido, o Tribunal Constitucional (Ac. 7/87) acaba por não considerar inconstitucional o normativo que coloca a direcção do inquérito a cargo do Ministério Público.

De resto, o que verdadeiramente caracteriza a função jurisdicional é o facto de lhe cumprir *"dirimir conflitos"* (art. 205.º n.º 2 CRP). Ora, a suspensão provisória do processo visa evitar a formalização do conflito jurídico-penal; e, não se reconhecendo uma incompatibilização constitucional na direcção do inquérito pelo Ministério Público, a iniciativa conformadora da suspensão há-de beneficiar, numa primeira aproximação e consequentemente, daquela não inconstitucionalidade.

Uma objecção, nesta sede, prende-se com a dependência do Ministério Público relativamente ao poder executivo, logo passível de fazer entrar, por essa via, critérios de oportunidade de perseguição penal, de ordem política ou outra, potenciando uma impunidade selectiva. Parece-me que, no momento presente, o argumento não tem grande peso – cingido às "instruções genéricas" –, atenta a clarificação operada na Lei orgânica do Ministério Público no contexto das relações com o executivo – além de que o grande alcance da ligação ao executivo se dirigia em particular à matéria cível – e uma vez que a ligação é mais de índole institucional-administrativa que de natureza funcional [83]. Ou seja, vem-se proclamando que o Ministério Público é uma *magistratura dotada de autonomia* e onde

---

[82] Cfr. ainda os Acs. da CC n.º 39 de 6-10-77 e 49 de 23-11-77 (ambos no "DR" de 30-12-77); Ac. do TC n.º 23/90 de 31-1-90 in DR, II, 4-7-90 (não julga inconstitucional o art. 263.º CPP); Ac TC 150/87 in DR, II, 18-9-87; Ac TC 408/89 de 31-5-89 in CJ , 4, Ano XIV, p. 284; Ac. TC 23/90 de 31-1-1990 in BMJ, 393 – Fevereiro, 1990.

[83] Embora pareça que não possa deixar de existir aquela ligação já que a CRP não pretendeu criar um novo poder; tal como a divisão de poderes não impõe, hoje, que a administração da justiça seja apanágio exclusivo de juízes.

Princípio da Oportunidade   69

impera um dever de objectividade e imparcialidade. Vale a pena remeter para as palavras de Jescheck quando (sobre o sistema alemão, mas de efeitos miméticos no português) pôs em evidência que "o nosso Ministério Público terá de ser visto como uma autoridade que pensa e age segundo categorias tipicamente jurisdicionais" [84]. De resto, considero que o Código de Processo Penal propõe um tal alinhamento, num enquadramento constitucional e por referência à lei de autorização legislativa.

De resto, da articulação de algumas disposições constitucionais colhe-se, no próprio plano da estrutura acusatória, o decalque sobre as fases processuais de uma privilegiada bipolarização de sentido "Juiz – Ministério Público", em vez de "Juiz de instrução – Juiz de julgamento" (arts. 205.º, 206.º e 221.º da CRP), atento ainda o carácter facultativo da instrução.

4.3.2. Outra linha de ofensa da aludida "reserva do juiz" prende-se com a aplicação de medidas pelo Ministério Público no âmbito da suspensão provisória do processo, qual condenação em penas que integra a função tipicamente jurisdicional (arts. 27.º, 205.º e 206.º da CRP) [85].

Com efeito, o problema de constitucionalidade, nesta matéria, ganha particular acuidade pelo facto de algumas das medidas serem "verdadeiras *privações parciais de liberdade*" (v.g. al. *d) e)* e *f*) do n.º 2 do art. 281.º), fora do alcance do art. 27.º da CRP que apenas as admite em condenação judicial, podendo, então, falar-se numa categoria de "condenados" pelo Ministério Público através de um *acordo penal* mais ou menos imposto ou solicitado [86]. Supera-se a questão por várias vias v.g. despistagem para medidas não detenti-

---

[84] Cit. por HÜNERFELD, PETER, "A pequena Criminalidade..." *op. cit.*, p. 41.

[85] Neste sentido Ac. 7/87 na medida em que não se previa, na versão inicial, a intervenção do juiz (de instrução); MOREIRA, V., no seu voto de vencido daquele Ac., de forma mais incisiva e abrangente.

[86] Assim, MOREIRA, V., no seu voto de vencido; cfr. ainda TORRES, MÁRIO "O Princípio da Oportunidade no Exercício da Acção Penal" in *Revista do Ministério Público – Jornadas de Processo Penal (Cadernos),* 1986, Lisboa, que enfatiza a questão da constitucionalidade pelo aspecto gravoso das medidas.

vas (a montante), por decisão "homologatória" do juiz (a jusante). Ainda aqui não pode deixar de se colocar a questão numa dupla perspectiva: a intervenção do juiz não deve consubstanciar a de um "juiz de chancela" ("como se promove"; "concordo"; etc.), sob pena de a ideia de *duplo exame* se esboroar; mas, paradoxalmente, o juiz não tem, em princípio, legitimidade investigatória e menos ainda interesse em agir para desencadear procedimentos.

Numa primeira abordagem da questão, importa incidir a análise sobre a natureza das medidas em apreço. Com efeito, segundo Peter Hünerfeld (*op. cit.*), será profundamente errado chamar "sanções" a tais medidas [87]; de resto, o próprio legislador designou-as de "injunções ou regras de conduta".

Mas, sobretudo, apresentam alguns traços característicos cuja verificação é alheia aos das (verdadeiras) sanções. Por um lado, a efectivação das medidas pressupõe um carácter de voluntariedade ou adesão do arguido (e ponderação do assistente). Neste sentido, as medidas procedem apenas porque nisso o arguido consente, parecendo tratar-se de um consentimento relevante já que não põe em causa o núcleo essencial dos direitos sacrificados. Na verdade, não parece decisivo o argumento de que se trata de um "consentimento sem liberdade" perante a alternativa que se lhe oferece, dada a possibilidade de sempre poder desistir e, por analogia, ser impensável a opção de sanção, em julgamento, pelo arguido. Por outro lado, tais medidas não estão ligadas a censura ético-jurídica e não se exige a determinação rigorosa da culpa: a referência à culpa (diminuta) e aos antecedentes criminais visa essencialmente determinar o carácter operante ou não da medida. Acresce que, na justificação concreta da prestação, emerge ainda a compensação do "interesse público" na perseguição criminal que ali se interrompe. Finalmente, o seu significado, no plano da política criminal, reside na necessidade de confirmar, por essa via, a validade da norma relativamente ao arguido

---

[87] Falando-se em "equivalentes funcionais" (COSTA ANDRADE, *op. cit.*, 1988); "sanção de índole especial não penal" (RIESS, cit. por C. ANDRADE); "medidas de natureza processual" (SILVA, GERMANO MARQUES DA in *Do Processo Penal Preliminar*, UCP, 1990, Lisboa, p. 215).

Princípio da Oportunidade

e à comunidade em geral (obstando à ideia de impunidade do acto e apaziguando a provocação social ocasionada).

Se esta argumentação vale, em meu juízo, para a generalidade das medidas, mostra-se ainda insuficiente para justificar, em parâmetros constitucionais, a opção político-criminal das medidas gravosas que representam privações da liberdade.

No entanto, o facto de se exigir a concordância do juiz de instrução que, de algum modo, vem operar uma "sindicância" e/ou "homologação" dos consensos obtidos, permite supor que esvazia de sentido uma pretensa alienação intolerável da competência jurisdicional. De resto, quaisquer resquícios de usurpação de jurisdição à margem do mandamento constitucional, sufragar-se-ía, de um ponto de vista formal-literal, se o art. 281.° viesse a consignar que o Ministério Público "promove" (em vez de "decide") e o juiz decide/ /homologa (em vez de "concorda") em conformidade com o consenso realizado [88], transferindo a decisão sobre o acordo.

Já parece de difícil ultrapassagem o problema da inconstitucionalidade da al. *i*) do n.° 2 do art. 281.° – ao consentir, entre as medidas aplicáveis, na cominação de "qualquer outro comportamento especialmente exigido pelo caso" – por violação da determinabilidade das penas ou medidas (art. 29.° n.° 3 da CRP). Tal "válvula" ou "cheque em branco" é que constituirá já um extenso "espaço de poder" sem grande margem vinculativa e que a ideia de consentimento relevante e a da natureza "não-sanção" das medidas dificilmente legitimam.

De resto, em sede do processo sumaríssimo, afigura-se-me que a sanção que tipicamente o Ministério Público tenderá a sugerir será a da multa – (só) entre as medidas não detentivas –, hoje sanção privilegiada pelo CP e corrente em termos estatísticos, até porque na pena curta de prisão (como sucederia, por certo, nos casos a que se aplica aquela forma processual, se se usasse a forma comum) opera a regra da substituição da pena concreta por multa (art. 44.° do CP).

---

[88] Ainda que, em termos materiais, a prestação dos vários intervenientes se mostre idêntica, v.g. com o juiz a bastar-se com um tabelar "homologo", ou "decido como se promove", desde que esta posição não significasse uma adesão acrítica, mas representasse um "último exame".

4.4. Princípio da igualdade e direito de audiência

O princípio da igualdade, na decorrência no "mega-princípio da legalidade", dirige-se ao titular da acção penal no sentido de este pugnar pelo exercício desta com tratamento uniforme dos cidadãos perante a lei, independentemente da "qualidade" das pessoas em causa ou de uma qualquer "conveniência" selectiva [89] (art. 13.º da CRP). A que acresce o princípio da audiência, na sua dimensão de corolário daquele, traduzido no "direito a ser ouvido" (em audiência), como expressão garantística de uniformidade de procedimentos, com relevância no destino do processo.

A argumentação, no âmbito da oportunidade, exprime-se pelo diferente tratamento dos intervenientes processuais, *maxime* do arguido, que, numas ocasiões mereceria um procedimento gracioso (arts. 280.º, 281.º e até 392.º) e, noutros casos, um desenvolvimento processual clássico rumo à audiência e sentença, consoante a *escolha de prioridades* do Ministério Público (no caso português).

A tentativa de refutação desta perspectiva passa pela avaliação da alternativa no campo da legalidade pura – abordagem exógena do argumento – e pela validade e contornos internos do próprio argumento – abordagem endógena.

Naquele plano, assistimos a uma desigualdade "real" ao longo de todo o percurso processual e ao nível dos vários sujeitos, cujas manifestações podem conduzir a uma menor transparência de procedimentos. Essas manifestações passam pelo "excesso de rigor" da polícia na admissibilidade de queixa; nos estrangulamentos da investigação que conduzem a "arquivamentos em massa" por desconhecimento do autor dos factos; na maleabilidade da exigência de "indícios suficientes", de acordo com a "gravidade" do crime em apreço, com o "*status*" social do arguido e da vítima, com o tipo de prova coligida, com a confissão dos factos ou não, com a folha cri-

---

[89] Neste sentido, MOREIRA, V. *in* voto de vencido; FARIA COSTA, alude a inconstitucionalidade material por inexistência de audiência, *op. cit.*, p. 147; M. DELMAS-MARTY, fala em ficção da igualdade de partes no contexto da "negociação", *op. cit.*, p. 577.

minal (cadastro) do arguido[90]; na "competência de acção" do arguido e da vítima e inerente capacidade de implementação de estratégias em seu proveito; na "adesão acrítica" do juiz à acusação e objecto do processo; na capacidade do julgador em operar uma descontinuidade epistemológica (distanciamento cultural) e de motivações não jurídicas ("pré-compreensões"), além da própria variação subjectiva de juízo[91], em face da ausência de um apertado quadro racional-legal de concretização da pena.

Ganha ainda relevo a actual publicidade que ocorre em torno da audiência onde o interesse comunitário e o controle da actuação do tribunal (garantia de defesa, apreciação da imparcialidade, independência, objectividade e justiça da decisão) colide com o interesse do arguido, cujo aproveitamento (num ou noutro sentido) pelos *media* pode conduzir à "morte civil" ou à assunção do "papel de vítima" do sistema. Ou seja, a ausência de julgamento (mesmo na hipótese de audiência informal da primitiva versão do art. 396.°) desagua, regra geral, num *efeito gracioso*, do ponto de vista do arguido.

Na outra vertente do problema, importa afirmar que o órgão titular da direcção do inquérito é quem dispõe das estatísticas (informais ou oficiais), na base das quais pode eleger a despistagem de casos e uniformidade de tratamento (de tipo de crime; do grau de danosidade, expresso v.g. no valor; do procedimento processual a seguir; das medidas a adoptar, etc.). Exige-se, em todo o caso, que haja critérios "objectivos e transparentes" para obter

---

[90] É sintomático, neste sentido, o estudo empírico sobre a actuação do Ministério Público levado a cabo no Max-Planck Institut e as referências sobre o assunto na obra de BOAVENTURA S. SANTOS relativamente à realidade da justiça em Portugal.

[91] Que leva, por exemplo, no mesmo tribunal, um juiz admitir a prestação de caução ("resgatando" a carta de condução) pelo arguido, camionista de profissão, em caso de condução sob influência de determinada taxa de alcoolémia, enquanto outro juiz não o admite (em circunstância alguma), outro o admite apenas na hipótese de aquele teor não ultrapassar 1,2, e outro só o admite na hipótese de o teor não ultrapassar 2,0 e não ter "antecedentes estradais". Ou seja, a contingência de salvação não está na lei ou na prova mas na subjectividade do julgador.

uma plataforma comum de tratamento que, além dos parâmetros da lei, pode ser obtida num sistema de *"guide-lines"* que criem "rotinas" de procedimentos, através de circulares de índole hierárquica.

Na observância destes aspectos parece-me alcançar-se uma base igualitária que, não atingindo o direito à "unidade de jurisprudência", se desdobra no acesso à justiça e no controle do arbítrio pela vinculação jurídico-material da decisão [92].

---

[92] CANOTILHO, G. / MOREIRA, V., *op. cit.*, p. 125-130.

5. BREVE PANORAMA DO DIREITO COMPARADO

Novas condicionantes históricas, ligadas ao reposicionamento de identidade (europeia) após a queda do muro de Berlim, emergência exponencial de novos flagelos sociais (droga, terrorismo, tráficos, etc.) com a insustentável insegurança social, associada à criminalidade de massa (ou apenas à "insegurança do possível", ou a induzida pelos *media*, ou a resultante de outros fenómenos sociais como o desemprego, etc.) e a hipertrofia do sistema penal têm obrigado os vários países a repensar as formas de actuação na administração da justiça, concertando níveis de estratégia diferenciada, consoante se esteja em presença de pequena ou de criminalidade grave.

Numa tentativa de arrumação por modelos dos diversos sistemas nacionais, poder-se-ía delinear um primeiro bloco conectado com a vigência do princípio da legalidade estrita, um outro, com o da oportunidade assumida, e, um terceiro, com o da coexistência de ambos, embora com peso diverso de um e outro princípio.

No quadro dos países que se encontram modelados pelo princípio da oportunidade surgem, de modo paradigmático, os EUA e a generalidade das ordens jurídicas de matriz anglo-saxónica com seguimento em países europeus como Inglaterra, Holanda, Bélgica e França. O princípio da legalidade norteia (ainda) o ordenamento italiano, surgindo como vértice enformador o texto constitucional. O sistema de "co-habitação", ainda que sob a primazia da legalidade, encontra-se, por exemplo, nos ordenamentos jurídicos da Alemanha, Portugal e Espanha [93].

---

[93] Sobre estas variações (mesmo que em sentido não totalmente coincidente), cfr. TORRES, M. *op. cit.*, 1986, p. 238; ANDRADE, COSTA, *op. cit.*, 1988, p. 341 e ss.; DEU, TERESA A., *op. cit.*, 1991, p. 74 e ss. 89, 176 e ss., e 219 e ss.; DELMAS-MARTY, M., *op. cit.*, p. 377 e ss, 551 e ss., 559 e ss.

76   *Carlos Adérito Teixeira*

Ainda aqui se confronta uma dialéctica tendência, legal e doutrinal, traduzida num crescente interesse da doutrina – porventura, sugestionada por contributos da criminologia – pela fase inicial do processo (detecção, investigação e promoção penal), e num recuo, no plano legal, do desenvolvimento dessa fase, num esforço de a reduzir ou de dela prescindir (v.g. no sistema legal português, italiano, etc., para além do modelo americano).

A par de diferentes modos de ligação do Ministério Público ao poder executivo e ao poder judicial, ressalta nos vários modelos uma diversa dependência (funcional, material ou orgânica) da polícia, a que acresce uma estruturação hierárquica própria e especialização horizontal (serviços afectos a certo tipo de funções e certa criminalidade).

5.1. **Modelo de oportunidade**

A primeira observação que se impõe no modelo de oportunidade, na versão anglo-saxónica, é a da inexistência de uma fase judiciária de "investigação" tal como é configurada na generalidade dos ordenamentos europeus continentais (v.g. alemão e português), já que essa fase está reservada à polícia, ainda que com variantes. De resto, v.g. em Inglaterra (onde não estava instituído o Ministério Público), o *Crown Prosecution Service*, desde 1986, tende a apoiar-se na investigação e sentido do relatório policial, plasmando a oportunidade, no concreto, com ligação àquele plano [94]; logo, a oportunidade ainda se exerce fora do contexto do sistema de justiça, no âmbito da ponderação de actuação da polícia e por forma descentralizada, passível de diversidade de procedimentos.

Ainda assim, é comum que o órgão ou serviço que superintende à plataforma decisional da oportunidade se apoie em linhas de orientação [95] que reúnem critérios sobre a prova – segundo

---

[94] DELMAS-MARTY, M., *op. cit.*, p. 379.

[95] Como sucede com o *Code for Crown Prosecutors*, em Inglaterra – Cfr. DELMAS-MARTY M., *op. cit.*, p. 378.

Princípio da Oportunidade 77

uma bitola de probabilidades de condenação – e sobre o interesse público – selecção de prioridades –, como forma de controlar o (não) exercício discricionário da acção penal e implementar uma certa uniformização de tratamento, ao mesmo tempo que pode servir de base a um controle jurisdicional (por se situar além ou aquém das directrizes traçadas) v.g. pela selectividade do objecto do processo.

No sistema americano, releva sobremaneira a versão da justiça contratada (*"bargaining"*) em diversas modalidades, especialmente a *"plea bargaining"* que se desenvolve por estádios procedimentais – o preliminar (*"arraignment"*) e o "debate" (audiência); assim, face à acusação, o agente pronuncia-se sobre a sua culpabilidade e, em função da resposta positiva ou negativa, opera a *"guilty plea"* ou segue-se o debate, respectivamente [96]. O juiz aparece, então, para "homologar" a factualidade reconhecida e culpabilidade assumida que conduzem à fixação de pena (*"sentencing"*) – *negociação vertical* [97]. Ou seja, o reconhecimento dos factos e culpabilidade torna-se o "ponto axial do processo jurídico-penal" [98], mas não necessariamente decisivo, já que o *"prosecutor"* pode, sobretudo em casos de ressonância social, fazer cumprir todo o "ritual". A natureza acusatória do processo, de que se arroga, esvanece-se numa estrutura processual de tipo "administrativa", na primeira fase, e numa imprevisibilidade das partes na formalização do conflito, que apenas as especialidades e o volume da criminalidade sustentam.

Naturalmente, este sistema reveste um claro pendor de oportunidade e tende a admitir uma mais ampla abertura à via da diversão e ao ideário terapêutico [99].

---

[96] O que leva L. Ferrajoli (*op. cit.*) a pensar que se o processo penal "misto" é "monstruoso", o sistema anglo-americano não deixa de o ser porque o acusador público não está sujeito à lei na escolha e determinação das infracções que merecem ser perseguidas.

[97] Por oposição à *negociação horizontal* entre Ministério Público e arguido – cfr. Delmas-Marty, M., *op. cit.*, p. 565 e ss.

[98] Costa, Faria, *op. cit.*, p. 116.

[99] Costa, Faria, *op. cit.*, p. 113 e ss; Pinatel, J. "Le Consensualisme en Droit Penal Comparé" *in Boletim da Faculdade de Direito – Estudos de Homenagem ao Professor Doutor Eduardo Correia*, 1986, Coimbra, p. 358 e ss.

O *"prosecutor"*, enquanto braço do executivo no controle da criminalidade e pilar de legitimação das opções político-criminais, dispunha tradicionalmente de uma ampla discricionariedade num duplo sentido: material-objectivo, privilegiando certo tipo de criminalidade e substimando outra; e orgânico-subjectivo, operando à margem de qualquer controle judicial. Mas vê-se hoje confrontado com algumas iniciativas (estaduais) de permitir ao juiz certo tipo de controle, designadamente pela via do arquivamento, embora sem grande expressão prática.

Embora num esquema organizatório distinto, o sistema francês enquadra-se, a este nível, nos odenamentos referenciados. Assim, como salienta M. Delmas-Marty, o procurador francês aprecia o destino a dar a infracções de que tenha conhecimento (art. 40.° do actual CPP). De resto, o "classement sans suite" tornara-se já uma prática habitual.

O Ministério Público mantém, neste sistema, uma estreita ligação ao poder executivo – ponto nevrálgico de toda a política criminal – e apoia a sua actuação em circulares e instruções de emanação hierárquica ([100]).

5.2. Modelo de coexistência da legalidade e da oportunidade

Partindo de uma clássica obediência à legalidade estrita e sem a abandonar em definitivo, alguns ordenamentos jurídicos nacionais procedem à admissibilidade de inflexões pontuais daquele princípio por manifestações concretas de oportunidade, num propósito de rentabilizar a resposta do sistema de administração da justiça e, em regra, num quadro de criminalidade de bagatela.

([100]) À semelhança do que sucede na Bélgica, num espaço de concertação do topo da hierarquia com o Ministro da Justiça – Cfr. DELMAS-MARTY, M., *op. cit.*, p. 381-382.

Releva ainda nestes sistemas, ao nível da oportunidade e consenso, a "procedure des ordonances penales" francesa (Lei 72-5 de 3/1/72) e a *"mediation penale"* belga (Lei de 10/2/1994 – Código de Instrução Criminal) – Cfr. DEMANET, G., *op. cit.*, p. 921-923.

Princípio da Oportunidade 79

O sistema paradigmático de tal modelo é o ordenamento alemão que, em reformas sucessivas (v.g. 1924, 1975), foi abrindo espaço ao princípio da oportunidade, secundado por outros ordenamentos, designadamente o austríaco, o espanhol e o nosso.

Assim, o § 153 I, 1 *StPO* introduz a oportunidade dirigida à pequena criminaliadade, num contexto de culpa leve; consente-se a abstenção do exercício da acção penal, por promoção do Ministério Público, com a concordância do juiz (§ 153, I, 2), e, sem necessidade de confirmação judicial, no caso de crimes contra o património; prevê-se ainda o arquivamento do processo em caso de probabilidade de não aplicação de pena (§ 153, *b*) do *StPO*); e, finalmente, o § 153 *a*) estabelece a figura do arquivamento condicionado à imposição de medidas e regras de conduta, à semelhança do que veio a ser consagrado pelo art. 281.° do CPP português [101].

O processo penal simplificado – processo de "ordens penais" alemão (*Strafbefehlsverfahren* – § 407 *StPO*); o "procedimento penal abreviado" (art. 789.5.5 da Ley n.° 7/1988 de 28 de Dez.) e o "requerimento de sentença de conformidade" (art. 793.3), espanhóis; e o processo sumaríssimo português (art. 392.° e ss. do CPP) – releva de uma articulação funcional do Ministério Público (a quem cabe a iniciativa) com o juiz (que decide) e assenta numa aceleração de tramitação ou de uma redução da instrução, ainda que exija a comprovação da culpa através dos elementos probatórios coligidos pelo Ministério Público.

Estas formas procedimentais, à semelhança do sistema americano referenciado, procuram compensar um défice de apuramento da verdade material através do consentimento do ofendido [102]. Mas divergem em diversos aspectos, já que, contrariamente ao modelo americano, regra geral, visa-se atingir essencialmente a pequena criminalidade; apenas é admissível a aplicação de penas não detentivas; não há "negociação" de culpa e transacção sobre

---

[101] ANDRADE, COSTA, *op. cit.*, 1988, p. 342-343; DEU, TERESA A., *op. cit.*, p. 105-114.

[102] Sobre estes aspectos, cfr. ANDRADE, COSTA, *op. cit.*, 1988, p. 357-358; HÜNERFELD, P., *op. cit.*, p. 43.

80   *Carlos Adérito Teixeira*

o objecto do processo; nem está em jogo a possibilidade de qualquer benefício penal para a assunção de culpa.

O controle da oportunidade do Ministério Público, nestes casos, passa pela via judicial que pode enjeitar a proposta daquele, por uma conformação hierárquica de procedimentos (v.g. Circular 1/1989 do "Fiscal General del Estado", pela qual se promove a opção por este tipo de vias; limitando-se, no caso português, à obrigatoriedade de comunicar à Procuradoria-Geral da República), e, em outros casos, pela admissibilidade de recurso (§ 174, II *StPO*, surgindo novos factos ou meios de prova, bem como por solicitação da vítima para que o processo prossiga (no caso espanhol).

5.3. Modelo de legalidade

O sistema italiano é comummente indicado como paradigma da conformação processual segundo o princípio da legalidade, decorrente da formulação constitucional que prescreve ter "o Ministério Público a obrigação de exercer a acção penal" (art. 112.° da Constituição Italiana de 1948). Ou seja, perante a verificação dos pressupostos fáctico-jurídicos de que depende o exercício da acção penal, o Ministério Público deve submeter o caso ao juiz[103].

Neste tipo de sistemas, opera-se uma descontinuidade entre o formalismo legal e a oportunidade "real" que emerge a um nível informal ou até a um nível de "praxes".

Assim, a escolha de prioridades pode ser levada a cabo, quer no acto do conhecimento da notícia, quer no âmbito da realização de actos instrutórios ou de investigação, quer ainda quando se permite o decurso do prazo de prescrição de certas modalidades de crimes.

Por outro lado, sente-se a necessidade, ao nível do Ministério Público, de encontrar fórmulas dentro do quadro legal (Código de

---

[103] Sobre este sistema, cfr. DELMAS-MARTY M., *op. cit.*, p. 382-385; e CHIAVARIO, M., *op. cit.*, p. 330 e ss.

Também o caso da Grécia é tomado como de legalidade estrita – Cfr. SPINELLIS, D. "Reform Movements in Criminal Procedure and the Protection of Human Rights" *in Révue Internationnale de Droit Penal*, n.° 64, 1994, p. 1113.

Princípio da Oportunidade 81

Processo Italiano de 1989) que tornem mais "maleáveis" os fundamentos para pôr cobro ao inquérito, como sucedeu com o distorce do conceito de "manifestamente infundado" para "objectivamente infundado" ou "improbabilidade de condenação" e que o Tribunal Constitucional não sancionou [104].

Paralelamente, abriu-se um leque de cinco formas de processo (4 das quais novas) [105], onde releva a tramitação célere, instrução abreviada (bastando a fase preliminar) e os procedimentos negociados para servir de contrapolo à obrigatoriedade legal-constitucional de promoção da acção penal e, desse modo, permitir "aliviar" o sistema penal.

De resto, reafirma-se um estreito controle pelo juiz do exercício da acção penal e do seu não exercício, ou seja, das opções operadas pelo Ministério Público, naquilo que me parece ser uma ideia de "duplo exame", atenta a inserção orgânica e funcional desta instituição no âmbito do poder judicial e não obstante a problemática da sua independência.

---

[104] Sent. 88/91 cit. por Delmas-Marty M., *op. cit.*, p. 384 (nota 4).

[105] Assim, prevê-se o "giudizio abbreviato", "giudizio direttissimo" e "giudizio immediato" – arts. 438.° a 458.°; "applicazione della pena su richiesta delle parti" – art. 444.° a 448.°; e "procedimento per decreto" – art. 459.° a 464.° do CPP.

6. CONCLUSÃO

As referências anteriormente aduzidas julgo constituirem suporte a algumas ilações que importa, neste momento, enunciar.

a) Assiste-se, a par de um movimento doutrinal – decalcado no apego ou preferência por uma das vertentes da dicotomia *legalidade-oportunidade* –, a uma convergência de soluções legais em torno de uma justaposição de ambos os princípios e cuja prevalência de algum se insere numa tentativa de resposta à conjuntura sócio-criminal.

b) A assunção processual de programas-finais, por superação da tradicional tendência de programas-condicionais, opera uma transferência de desígnios da política criminal para o processo.

c) A oportunidade acolhida no CPP, na versão originária (arts. 280.º, 281.º e 392.º e ss.), rege-se por uma lógica de eficácia do sistema, sem enjeitar, simultaneamente, uma certa lógica de justiça, através de um propósito, de realização de fins político-criminais, no plano concreto, em que se privilegia a rapidez na reafirmação da norma violada e a *self-image* do agente, num contexto de culpa diminuta e reduzida danosidade social.

d) As manifestações do princípio da oportunidade acusatória movem-se num espaço comunicacional tutelado, de encontro a um hábito autocompositivo ("de bastidores") que marca a litigiosidade (penal) portuguesa, e onde emerge, de forma decisiva, o consentimento do arguido (art. 26.º n.º 1 e 2 da CRP).

e) O "roubo do conflito" ao sistema judicial, com o inerente cerceamento da clarificação do caso e desenvolvimento de princípios processuais (e respectivo garantismo), há-de entender-se num propósito de combinação do interesse comunitário com as garantias do arguido, onde releva a presunção de inocência (a coberto de uma não comprovação da culpa e em que a infirmação de tal presunção apenas pode ocorrer por sentença transitada) (arts. 2.º, 3.º n.º 2, 18.º, 20.º, 27.º n.º 1 e 2, 32.º n.º 1 a 6, e 205.º da CRP).

f) A formalização legal e o controle diversificado do exercício da oportunidade não deixa de ser um diferente modo de re-escrever a legalidade, em particular aquela que, sem "*feedback*" e sem lei, redunda numa oportunidade "real" ou "natural" das instâncias formais de controle.

g) O princípio da legalidade não se mostra postergado pela oportunidade quando esta se encontra contida num quadro normativo plasmado por critérios objectivos e transparentes.

h) A conformação da estratégia processual de exercício da oportunidade por "*guide-lines*", numa articulação da sua direccionalidade para o "órgão" que detém o "*output*" da perseguição criminal e para o "tipo de crime" (v.g. furto em hipermercado, consumo de estupefacientes), permite um tratamento uniforme de franjas da criminalidade de massa e seus agentes que integrem o mesmo circunstancialismo (arts. 13.º e 219.º n.º 1 da CRP).

i) A "reserva do juiz" surge, em parte, compensada pela intervenção deste – relevando também na construção da oportunidade, ainda que por sindicabilidade e sem iniciativa própria – na formação do consenso, embora o teor literal da lei processual devesse dirigir-se no sentido da "decisão" ou "homologação" pelo juiz e não acolher as medidas gravosas de limitação da liberdade, equiparáveis a penas, cuja aplicação merece a ponderação em sede de julgamento (art. 32.º n.º 4 e 205.º n.º 1 e 2 da CRP).

j) O "sistema dualista" português, que decorre da coexistência dos princípios da legalidade e da oportunidade, mantém ainda uma compatibilização constitucional, num quadro de prevalência daquele e de vinculação à lei deste, qual sistema de "legalidade aberta".

APOIO BIBLIOGRÁFICO

ANDRADE, M. COSTA – 1982, "O Novo Código Penal e a Moderna Criminologia", *in Jornadas de Direito Criminal*, CEJ, Lisboa.
– 1988, "Consenso e Oportunidade" *in O Novo Código de Processo Penal*, CEJ – Almedina, Coimbra.
– 1991, *Consentimento e Acordo em Direito Penal*, Coimbra Editora Lda, Coimbra.

ANDRADE, VIEIRA DE – 1983, *Os Direitos Fundamentais na Constituição Portuguesa*, Almedina, Coimbra.

AUER, ANDREAS – 1993, "O Princípio da Legaliadde como Norma, como Ficção e como Ideologia" *in Justiça e Litigiosidade: História e Prospectiva*, (HESPANHA, A.), Fundação C. Gulbenkian, Lisboa, 119-138.

BARNETT, R. E. – 1981, "Restitution, a new paradigm of criminal justice" *in Perspectives on crime victims,* editado por B. Galaway y J. Hudson, San Luis, C. V. Mosby.

BARREIROS, JOSÉ A. – 1983, "O Futuro do Processo Criminal" *in Revista do Ministério Público*, Ano 4, n.º 15.

BELEZA, TERESA P. – 1986, "A Moderna Criminologia e a Aplicação do Direito Penal" *in Revista Jurídica*, 8, Out./Dez., AAFDL, Lisboa;
– 1992, *Apontamentos de Direito Processual Penal*, Vol. I, II, III, AAFDL.

CANOTILHO, J. GOMES – 1989, *Direito Constitucional*, 4.ª ed. 2.ª reimp., Almedina, Coimbra.

CANOTILHO, G. /MOREIRA, V. – 1993, *Constituição da República Portuguesa Anotada*, 3.ª ed. revista, Coimbra Editora, Coimbra.

CARRÉ, JOHN LE – 1994, *O Gerente da Noite*, Círculo de Leitores.

CARVALHO, ABÍLIO P. – 1995, *Castro Daire – Indústria, Técnica e Cultural*, Eden Gráfica SA, Viseu.
– 1982, "A república dos aivados", *in Diário do Alentejo* (22/09/1982).

CHIAVARIO, MARIO – 1996, "A Obrigatoriedade da Acção Penal na Constituição Italiana: o Princípio e a Realidade" *in Revista Portuguesa de Ciência Criminal*, Ano 5, Fasc. 3-4, Julho-Dezembro, Coimbra Editora, Coimbra;

CONDE-PUMPIDO, F. – 1987, "El Principio de Legalidad y el Uso de la Oportunidad Reglada en el Proceso Penal" *in Revista del Poder Judicial*, n.º esp. VI.

COSTA, J. FARIA – 1985, "Diversão (Desjudiciarização) e Mediação: que Rumos?" *in Boletim da Faculdade Direito da Universidade Coimbra*, Vol LXI, Coimbra.

DEMANET, G. – 1995, "La Mediation Pénale" *in "Revue de Droit Pénal et de Criminologie"* n.° 11- Novembro, Bruxelas, 887-923.

DELMAS-MARTY, M. *et alii* – 1995, *in Procédures Pénales d'Europe*, PUF (Presse Univ. France), Paris.

DEU, TERESA ARMENTA – 1991, *Criminalidad de Bagatela y Principio da Oportunidad: Alemania y Espanha*, PPU, Barcelona.

DIAS, J. FIGUEIREDO – 1981, *A Revisão Constitucional, o Processo Penal e os Tribunais*, Livros Horizonte;
– 1983, "Para uma Reforma Global do Processo Penal Português" *in Para uma Nova Justiça Penal*, (cap. V – "o Processo Penal");
– 1984, *Direito Processual Penal*, Coimbra Editora, Lda, Coimbra;
– 1988, "Sobre os Sujeitos Processuais no Novo Código de Processo Penal" *in O Novo Código de Processo Penal*, CEJ – Almedina, Coimbra;
– 1988-b, "Carrara e o Paradigma Penal Actual" *in Revista de Direito e Economia*, Ano XIV, Coimbra;
– 1988-c, "O Sistema Sancionatório Português no Contexto dos Modelos da Política Criminal" – Separata do Número Especial do *Boletim da Faculdade de Direito de Coimbra – Estudos de Homenagem ao Prof. Doutor Eduardo Correia*, Coimbra;
– 1988-89, *Direito Processual Penal*, Fascículos de Lições coligidas por M.ª João Antunes, Coimbra.

DIAS, J. F. /ANDRADE, C. – 1992, *Criminologia – o Homem Delinquente e a Sociedade Criminógena*, Coimbra Editora, Lda, Coimbra.

FERRAJOLI, LUIGI – 1995, *Derecho y Razón. Teoria del Garantismo Penal*, Editorial Trotta, Madrid (tradução espanhola da obra *Diritto e Ragione. Teoria del Garantismo Penal, 1989*).

GASPAR, A. HENRIQUES – 1988, "Processos Especiais" *in O Novo Código de Processo Penal*, CEJ – Almedina, Coimbra.

GONÇALVES, MAIA – 1995, *Código de Processo Penal Anotado*, Almedina, Coimbra.

HASSEMER. W., – 1984, *Fundamentos del Derecho Penal*, Bosch, Barcelona.
– 1995, *A Segurança Pública no Estado de Direito*, AAFDL, Lisboa.

HESPANHA, ANTÓNIO M. B. – 1993 "Lei e Justiça: História e Prospectiva de um Paradigma" in *Justiça e Litigiosidade: História e Prospectiva*, Fundação C. Gulbenkian, Lisboa.

HÜNERFELD, PETER – 1978, "A Pequena Criminalidade e o Processo Penal", *in Revista de Direito e Economia*, Coimbra.

LARENZ, K. – 1986, *Metodologia da Ciência do Direito*, Fundação C. Gulbenkian, Lisboa.

LOURENÇO, NELSON /LISBOA, MANUEL /FRIAS, GRAÇA – 1999, "Crise de Insegurança: Delinquência Urbana e Exclusão Social" *in Revista Sub Judice*, n.º 13, Abril-Junho, (Sobre Criminologia – o Estado das Coisas), Tip. Guerra, Viseu.

MÉNDEZ, F. RAMOS – 1988, *El Proceso Penal – Lectura Constitucional*, Libreria Bosch, Barcelona.

MIRANDA, JORGE – 1987, *Manual de Direito Constitucional*, Tomo II, 2.ª ed. – reimpressão, Coimbra Editora, Coimbra.

MOLINA, GARCIA-PABLOS – 1994, "Problemas y Tendências de la Moderna Criminologia" *in Cuadernos de Derecho Judicial – Criminologia*, XXIX, Consejo General del Poder Judicial.

MOREIRA, VITAL – 1981, *A Revisão Constitucional, o Processo Penal e os Tribunais*, Livros Horizonte.

MOURA, J. SOUTO – 1990, "A Questão da Presunção de Inocência do Arguido" *in Revista do Ministério Público*, n.º 42, Lisboa, p. 31-48.

MUSCO, ENZO – 1993, "Consenso e Legislazione Penale" *in Revista Italiana di Procedura Penale*, Gennai-Marzo, Fasc. 1, Milano.

NEVES, CASTANHEIRA – 1968, *in Sumários de Processo Criminal* (lições);
– 1995, *in DIGESTA – Escritos Acerca do Direito, do Pensamento Jurídico, da sua Metodologia e Outros,* vol. 1.º, Coimbra Editora, Coimbra.

PALMA, F. – 1993, "A Constitucionalidade do artigo 342.º do Código de Processo Penal (O Direito ao Silêncio do Arguido)", *in* Separata da *Revista do Ministério Público*, n.º 60, 1995, Lisboa, p. 100-110;

PINATEL, JEAN – 1986, "Le Consensualisme en Droit Pénal Comparé" *in Estudos em Homenagem ao Prof. Doutor Eduardo Correia*, III, Coimbra, 129-369.

ROCHÉ, SEBASTIAN – 1996, *La Societé Incivile: Qu'est-ce que l'insecurité?*, PUF, Paris.

RODRIGUES, ANABELA M. – 1988, "O Inquérito no novo CPP" in *O Novo Código de Processo Penal*, CEJ – Almedina, Coimbra.

RUIZ VADILHO, ENRIQUE – 1993, "Princípios Gerais. Legalidad, Proporcionalidad, etc" *in Cuadernos de Derecho Judicial – La restriccion de los Derechos Fundamentales de la Persona en el Processo Penal*, XXIX, Consejo General del Poder Judicial, 11-58.

SANTOS, BOAVENTURA SOUSA *et alii – 1996, in Os Tribunais nas Sociedades Contemporâneas – o Caso Português*, Ed. Afrontamento, Porto.

SILVA, GERMANO M. – 1982, "Da Inconstitucionalidade do Inquérito Preliminar" *in Scientia Juridica*, T. XXI, Lisboa;
– 1990, *Do Processo Penal Preliminar*, UCP, Lisboa;
– 1994, *Curso de Processo Penal*, I, Verbo, Lisboa.

TORRES, MÁRIO A. – 1984, "Suspensão e Demissão de Funcionários ou Agentes como Efeito de Pronúncia ou Condenação Criminais" *in Revista do Ministério Público*, n.º 25 e 26;

– 1986, "O princípio da Oportunidade no Exercício da Acção Penal" *in Revista do Ministério Público – Jornadas de Processo Penal (Cadernos)*, Lisboa.

SPINELLIS, D. – 1994, "Reform Movements in Criminal Procedure and the Protection of Human Rights" *in Révue Internationnale de Droit Penal*, n.° 64.

OUTRO APOIO DOCUMENTAL

JURISPRUDÊNCIA CONSTITUCIONAL

Ac. TC 7/87 de 9-1-87 in "DR", I, de 9-2-87;
Ac. CC 6 de 5/5/77 in "DR" 6-6-77;
Ac. CC 39 de 6/10/77 in "DR" 30/12/77;
Ac. CC 49 de 23/11/77 in "DR" 30/12/77;
Ac. CC 168 in "DR" 3/7/80;
Ac. TC 23/90 de 31-1-90;
Ac. TC 393/89 in "DR", II, de 14/9/89;
Ac. TC 586/88 in "DR", II, de 28/8/91;
Ac. TC 212/91 in "DR", II, de 13/09/91;
Ac. TC 265/95 de 30/5/95 in "DR", II, de 19/7/95;
Ac. TC 282/86 in "DR", I, de 11/11/86;
Ac. TC 439/87 in "DR" de 17/2/88;
Ac. TC 495/89 de 13-7 in "DR", II, de 28/1/91;
Ac. TC 150/87 in "DR" de 18/9/87;
Ac. TC no Proc. 403/94, de 17/4/94.

ALGUMA JURISPRUDÊNCIA DAS RELAÇÕES

Ac RL de 26/6/90, CJ, XV, Tomo 3, p. 170 e ss;
Ac RC de 26/6/91, CJ, XVI, Tomo 3, p. 109 e ss.

OUTRAS REFERÊNCIAS:

– Recomendação n.° R (87) 18 do Comíté dos Ministros aos Estados-Membros sobre a simplificação da justiça Penal (11/9/1987).

– Oitavo Congresso das Nações Unidas para a Prevenção do crime e o Tratamento dos Delinquentes – Princípios Orientadores Relativos à Função dos Magistrados do M.° P.°.

– Reunião de 26 países europeus, em Fev. de 1986, em Helsínquia sob o tema "Non-Prosecution in Europe".

DISPOSIÇÕES LEGAIS

[Código de Processo Penal]

ARQUIVAMENTO EM CASO DE DISPENSA DA PENA

ARTIGO 280.º
(Arquivamento em caso de dispensa da pena)

1. Se o processo for por crime relativamente ao qual se encontre expressamente prevista na lei penal a possibilidade de dispensa da pena, o Ministério Público, com a concordância do juiz de instrução, pode decidir-se pelo arquivamento do processo, se se verificarem os pressupostos daquela dispensa.

2. Se a acusação tiver sido já deduzida, pode o juiz de instrução, enquanto esta decorrer, arquivar o processo com a concordância do Ministério Público e do arguido, se se verificarem os pressupostos da dispensa da pena.

3. A decisão de arquivamento, em conformidade com o disposto nos números anteriores, não é susceptível de impugnação.

SUSPENSÃO PROVISÓRIA DO PROCESSO

ARTIGO 281.º
(Suspensão provisória do processo)

1. Se o crime for punível com pena de prisão não superior a cinco anos ou com sanção diferente da prisão, pode o Ministério Público decidir-se, com a concordância do juiz de instrução, pela suspensão do processo, mediante a imposição ao arguido de injunções e regras de conduta, se se verificarem os seguintes pressupostos:

a) Concordância do arguido e do assistente;

b) Ausência de antecedentes criminais do arguido;

c) Não haver lugar a medida de segurança de internamento;

d) Carácter diminuto da culpa; e

e) Ser de prever que o cumprimento das injunções e regras de conduta responda suficientemente às exigências de prevenção que no caso se façam sentir.

2. São oponíveis ao arguido as seguintes injunções e regras de conduta:

a) Indemnizar o lesado;

b) Dar ao lesado satisfação moral adequada;

c) Entregar ao Estado ou a instituições privadas de solidariedade social certa quantia;

d) Não exercer determinadas profissões;

e) Não frequentar certos meios ou lugares;

f) Não residir em certos lugares ou regiões;

g) Não acompanhar, alojar ou receber certas pessoas;

h) Não ter em seu poder determinados objectos capazes de facilitar a prática de outro crime;

i) Qualquer outro comportamento especialmente exigido pelo caso.

3. Não são oponíveis injunções e regras de conduta que possam ofender a dignidade do arguido.

4. Para apoio e vigilância do cumprimento das injunções e regras de conduta podem o juiz de instrução e o Ministério Público, consoante os casos, recorrer aos serviços de reinserção social, a órgãos de polícia criminal e às autoridades administrativas.

5. A decisão de suspensão, em conformidade com o n.° 1, não é susceptível de impugnação.

[....]

PROCESSO SUMARÍSSIMO

ARTIGO 392.°
(Quando tem lugar)

1. Em caso de crime punível com pena de prisão não superior a três anos ou só com pena de multa, o Ministério Público, quando entender que ao caso deve ser concretamente aplicada pena ou medida de segurança não privativas da liberdade, requer ao tribunal que a aplicação tenha lugar em processo sumaríssimo.

2. Se o procedimento depender de acusação particular, o requerimento previsto no número anterior depende da concordância do assistente.

ARTIGO 393.°
(As partes civis)

Não é permitida, em processo sumaríssimo, a intervenção de partes civis.

Princípio da Oportunidade

ARTIGO 394.º
(Requerimento)

1. O requerimento do Ministério Público é escrito e contém as indicações tendentes à identificação do arguido, a descrição dos factos imputados e a menção das disposições legais violadas, a prova existente e o enunciado sumário das razões pelas quais entende que ao caso não deve concretamente ser aplicada pena de prisão.

2. O requerimento termina com a indicação precisa das sanções cuja aplicação o Ministério Público concretamente propõe.

ARTIGO 395.º
(Rejeição do requerimento)

1. O juiz rejeita o requerimento e reenvia o processo para a forma comum:
a) Quando for legalmente inadmissível o procedimento;
b) Quando o requerimento for manifestamente infundado, nos termos do disposto no artigo 311.º, n.º 3;
c) Quando discordar da sanção proposta, sem prejuízo do disposto no número seguinte.

2. No caso previsto na alínea c) do número anterior, o juiz pode fixar sanção diferente, na sua espécie ou medida, da proposta pelo Ministério Público, com a concordância deste.

3. Se o juiz reenviar o processo para a forma comum, o requerimento do Ministério Público equivale à acusação.

4. Do despacho a que se refere o n.º 1 não há recurso.

ARTIGO 396.º
(Notificação e oposição do arguido)

1. O juiz, se não rejeitar o requerimento nos termos do artigo anterior:
a) Nomeia defensor ao arguido que não tenha advogado constituído ou defensor nomeado; e
b) Ordena a notificação ao arguido do requerimento do Ministério Público e, sendo caso disso, do despacho a que se refere o n.º 2 do artigo anterior, para, querendo, se opor no prazo de quinze dias.

2. A notificação a que se refere o número anterior é feita por contacto pessoal, nos termos do artigo 113.º, n.º 1, alínea a), e deve conter obrigatoriamente:
a) A informação do direito de o arguido se opor à sanção e da forma de o fazer;
b) A indicação do prazo para a oposição e do seu termo final;

c) O esclarecimento dos efeitos da oposição e da não oposição a que se refere o artigo seguinte.

3. O requerimento é igualmente notificado ao defensor.

4. A oposição pode ser deduzida por simples declaração.

ARTIGO 397.º
(Decisão)

1. Quando o arguido não se opuser ao requerimento, o juiz, por despacho, procede à aplicação da sanção, acrescentando condenação em custas, sendo a taxa de justiça reduzida a um terço.

2. O despacho a que se refere o número anterior vale como sentença condenatória e transita imediatamente em julgado.

3. É nulo o despacho que aplique pena diferente da proposta ou fixada nos termos do disposto nos artigos 394.º, n.º 2 e 395.º, n.º 2.

ARTIGO 398.º
(Prosseguimento do processo)

Se o arguido deduzir oposição, o juiz ordena o reenvio do processo para a forma comum, equivalendo à acusação o requerimento do Ministério Público formulado nos termos do artigo 394.º.